JN410549

바람개비 별

이가림 시집

바람개비 별

그림/ 정재규 화백

Poetics 시학

■ 시인의 말

진실의 과녁을 정확히 꿰뚫기 위해 언어의 탄환을 함부로 낭비하지 않으려고 내 딴엔 아무것에나 쉽사리 방아쇠를 당기려 하지 않았다. 시가 너절한 감정의 찌꺼기들을 쏟아 놓는 '요강'이나 '자아의 진열장étalage du moi' 같은 것이 되지 않도록 늘 경계해 왔으나, 그러한 나의 시적 전략과 지향이 어느 정도 실천적으로 이루어졌는지는 알 수 없다.

어차피 시는 진실에의 접근의 수단, 그 이상의 것이 될 수 없다고 스스로를 달래면서, 나로서는 또 한 번의 간절한 연가집戀歌集 또는 비가집悲歌集을 막막한 세상의 바다에 던지게 되었다. 막상 나의 내밀한 실존적 기투企投의 벌거벗은 비망록을 세상에 드러내 보여 주려 하니, 마치 아픈 오장육부를 엑스레이로 투시당한 환자처럼 부끄럽기 그지 없다.

그래도 동시대를 숨 쉬는 누군가가 어둠 속에서 불쑥 나타나 손전등을 비추어 주며, 정답게 말을 걸어오리라는 한 가닥 희망을 가져 본다.

2011년 입춘

이가림

차 례

제2부 귀가歸家, 내 가장 먼 여행

제3부 바람개비 별

제4부 소금창고가 있는 풍경

제1부

투병통신投甁通信

둥그런 잠

오동꽃 저 혼자 피었다가
오동꽃 저 혼자 지는 마을
기침 소리 하나 들리지 않는
버려진 옛집 마당에 서서
새삼스레 바라보는
아득한 조상들의 뒷동산

어릴 적 어머니의 젖무덤 같은
봉분 두 개
봉긋이 솟아 있다

저 아늑한 골짜기에 파묻혀
한나절 뒹굴다가
연한 뽕잎 배불리 먹은 누에처럼
둥그렇게 몸 구부려
사르르 잠들고 싶다

투병통신投甁通信 · 1

이제
내 비소砒素 같은 그리움을
천년 종이에 싸
빈 술병에 넣어
달빛 인광燐光 무수히 떠내려가는
달래강에 멀리 던진다

먼 훗날
부질없이 강가를 서성이는 이 있어
이 병을 건져 올릴지라도
그때엔 벌써
글자들이 물에 씻겨
사라져 버렸을 것을 믿는다

끝내 말하지 못한 것이야말로
영원히 숨 쉬는 것

이제

내 비소 같은 그리움을
천년 종이에 싸
빈 술병에 넣어
일찍이 미친 사내 하나 빠져 죽은
달래강에 멀리 던진다

투병통신投甁通信 · 2
— 생 라자르역 광장

우리가 헤어진 건 생 라자르역 광장, 아르망 페르낭데즈의 조각 〈모두를 위한 시간〉 앞에서였지. 여느 때처럼 "다음 주 토요일 정오에 여기서 다시 만납시다"라고 약속을 하고 무심히 헤어졌었지. 하지만 그게 영원히 다시 못 볼 삼도내의 작별이 될 줄 누가 알았겠는가.

운명의 시침時針이 너무 빨리 가는 시계를 찬 그대와 우연의 시침이 너무 늦게 가는 시계를 찬 내가 물의 도시 도빌행 기차를 타고 여행을 한 건 몇억 광년의 세월 속에서 일어난 불가사의한 기적 중의 기적이었지.

어느 낯선 거리 건널목에선가, 발을 헛디디는 아주 사소한 실수로 오토바이에 치여 병원 응급실에 실려가는 어처구니 없는 우발사라도 그대에게 일어났던 것일까. 그날 이래 우리의 시계판은 납땜질 된 채 운행을 멈춰 버리고 말았지. 되돌아올 길 없는 망각의 나락에 떨어진 그대는 아르망 페르낭데즈의 〈모두를 위한 시간〉 앞에 다시 올 수 없었고, 그것으로 우린 영영 엇갈린 행로를 밟을 수밖에 없었으니, 이는 심술궂은 시간의 신神의 질투가 아니고 무엇이겠는가. 우린 서로의 이름을 묻지 않았고, 다만 눈동자와 머리 빛깔과 목소리의 억양을 아는 것으로 이미 다정한 연인이 되어 버렸지.

비록 지금 그대의 이름을 알지 못해 부를 수 없다 해도, 그대의 눈빛과 웃음소리와 머리칼 향기를 기억하는 한, 그대는 내 안에 생생히 살아 있고, 그대 안에 내가 살아 숨 쉬고 있는 것이오.

우린 '안녕히' 란 차디찬 작별의 말을 입으로 말한 적이 없으므로 결코 헤어진 것이 아니오. 서로 다른 시간을 가리키고 있지만 누구도 틀린 것이 아닌 아르망 페르낭데즈의 〈모두를 위한 시간〉 앞에서 난 기어이 오고야 말 이 세상의 기적의 순간을 한사코 기다릴 것이오.

촛불소묘 · 1

촛불은
혼자 있어야
촛불이다

패러데이가 실험 삼아
두 개의 촛불을
하나의
불꽃으로
합쳐 보려 했으나

한사코
홀로 고고히 타오르는 걸
억지로 막을 수 없었다

너와 나를
한 치의 간격도 없이
묶어 버린다면
그건

서로에게 포로가 되는 것

네가
저만치 떨어져서
은은히 나를 비출 때

바람 부는 세상에서
안쓰럽게 흔들리는 골풀처럼
우리가
서로의 얼굴을 바라보며
시린 외로움을
저 혼자만의 힘으로
견딜 수 있는 것

촛불은
혼자 타야
촛불이다

촛불소묘 · 2

너는
세상에 태어나서
한 번도
땅바닥에 주저앉거나
드러누운 적이 없다

언제나
땅에 발을 디디고 서서
푸른 하늘을 향해
손을 흔드는 나무처럼
어두운 심연의 깊이에서
샘물을 길어 올리는
수액의 화형주火刑柱

제자리에서
뿌리 깊은 고독의 심지를 돋우어
골똘히, 골똘히
스스로의 생각에 잠길 뿐

너절한 독백을
늘어놓지 않는다

너는
태어날 때부터
이미 화형에 처해진
죄 없는 수인囚人

한평생
어둠을 벗으로 삼아 살다가
목숨의 마지막을
마감할 때에도
선 채로 꼿꼿이
수직垂直의 죽음을
불태운다

촛불소묘 · 3
— 루르드에서

한 송이의 촛불이
열 송이의 촛불을 낳고
그 열 송이의 촛불이
다시 백 송이의 촛불을 낳고
또다시
그 백 송이의 촛불이
또 또다시 천 송이의 촛불을 낳고
또 또 또다시
그 천 송이의 촛불이
또 또 또 또다시
만 송이의 촛불을 낳는
루르드의 눈부신 밤

오오,
가난한 물방앗간 집 딸
성녀 베르나데트 수비루가
홀연 다시 나타나
무염시태無染始胎의 꽃을

한꺼번에

이토록 수없이 피워 낸 것인가

갓길에 앉아서

1997년 식 내 고물 자동차가
못에 찔렸는지
갑자기 펑크가 나서
갓길에 세워 놓고
스페어 타이어로
갈아 끼웠다

1943년 식인 나를
여전히 굴리고 다니는데
어떤 장기가
언제 고장 날 지
알 수 없다

요즘엔
장기 부품도 좋은 게 많이 나와서
정품으로 갈아 끼우면
아무 문제없이
잘 굴러간다고들 한다

하지만

갓길에 앉아서

잠시 생각해 보았는데

바퀴를 자꾸만 갈아 끼우며

어디까지 가 본들

길뿐일 것인데,

1943년 식으로서

더 이상 고치지 않는 게

아름답지 않을까 하는

그런 생각을

해 보았는데……

서울에 온 와불

저 전라도 화순 운주사
만산 계곡의
산등성이에만 누워 있기가
너무 답답하고 심심했던지
몰래 야간급행 열차를 타고
서울로 도망쳐 온 와불

첫날 밤
종로 3가역 시멘트 바닥에서
시끄러운 행인들의 발짝 소리도
들리지 않는지
신문지 이불을 덮고
드르렁드르렁
코를 골며 잔다

아침 일찍 깨어나
주위를 둘러보니
하아, 여기도 거지,

저기도 거지,

또 저기도 거지,

밤새

곤한 참선에 들었던 자들이

널려 있다

운주사 와불이 기가 막혀

"내가 한발 늦었구만……" 하며

긴 한숨을 내쉬는데

아직 덜 깬 술기운의

거뭇한 턱수염 와불이

어깨를 툭 치며

"늦긴 뭐가 늦었다는 거야,

쓸데없이 구시렁대지 말고

아침 공양이나 얻어먹을 생각해" 하고

이 바닥 터줏대감인 양

퉁명스레 내뱉는다

먼저 깔고 앉는 놈이
그 자리의 주인인 걸
새삼 깨달은
운주사 와불,
오늘부터는 누워 있기만 할 수 없는
괜히 서울로 올라온
운주사 와불

로프공*의 하루

18mm의 밥줄아
차라리 끊어질 테면
끊어져라

옛날 곡마단의 줄타기 곡예사같이
까마득한 빌딩 벽에
대롱대롱 매달려
거미처럼 흔들거리다 보니
하루하루 늘어나는 건
배짱뿐이로구나

그래도
18mm의 목숨줄아
제발 끊어지지 마라
오늘만은 무슨 일이 있어도
끊어지지 마라

---

* 고층 건물의 창문이나 벽을 청소 또는 페인트칠하기 위해 로프로 몸을 묶고 일하는 사람.

어느 노老생물학자의 주례사

오늘 새로이 인생의 첫걸음을 내딛는
신랑과 신부에게
내가 평생 실험실에서 현미경으로
기생충을 들여다본 학자로서
짧게 한마디 하겠습니다.
무엇보다도
말미잘이 소라게에게 기생하듯이
그렇게 상리공생相利共生 할 것을
당부하고 싶습니다.
개미와 진딧물, 콩과 뿌리혹박테리아
그런 사이만큼만 사랑을 해도
아주 성공한 삶이 될 것입니다.
다시 한 번 강조하지만,
해삼과 숨이고기처럼
한쪽만 도움받고 이익을 보는
편리공생片利共生 하지 말고
서로가 서로의 밥이 되는
아름다운 기생충이 되세요.
이상

15분간
— 짧은 잔혹극

붉은 갈색의
검은 얼룩무늬 수리부엉이가
시속 일천오백 킬로미터의 속도로 내리꽂혀
한 마리 들토끼를 낚아채는
그 날쌘 하강
그 놀라운 비상 만큼이나 아름답게

밤마다 사육제가 벌어지는
휘황한 서울의 거리
날카로운 발톱을 숨긴
사나이 하나이
어린 참새 한 마리를 낚아채
잽싸게 9층 벼랑으로 날아오르더니
이윽고 팔딱이는 심장을 파헤쳐
유유히 쪼아 먹는다

진홍 피로 붉게 물든
그의 시커먼 부리

멋진 식도락

그는 수프보다는
팥죽빛 갯벌의 말랑한 진흙을
즐겨 먹는다

그는 푸른 강낭콩보다는
비둘기 모이 같은 모래알 별들을
즐겨 주워 먹는다

그는 밀빵보다는
땡볕에 뜨겁게 달궈진 조약돌을
즐겨 깨물어 먹는다

그는 포도주보다는
한잔의 뭉게구름차를
즐겨 마신다

그는 쇠고기 갈비보다는
E.T.용 자전거 바퀴살을 즐겨 뜯어 먹는다

그는 스파게티보다는
찬 이슬 맺힌 거미줄을
즐겨 먹는다

날마다
저녁 식사를 마친 뒤
하늘의 오솔길 따라
굴렁쇠를 굴려
은하수까지 갔다 오는 사람,
그는 맥貘의 친구로서
특히 꿈을 즐겨 먹는다

하얀 편지

어이, 내 얘기 좀 들어 보게, 예전에 곽휘원이란 좀 얼빠진 위인이 있었던 모양인데, 하아 글쎄, 그 웃기는 자가 오랜만에 마음먹고 집에 편지를 부친다는 게, 그만 손이 잘못하여 편지 대신 백지를 접어 척하니 봉투에 넣어 보냈다는 거야.

그런데 말야, 그 하얀 편지를 받아 본 아내가 황당해하기는커녕, 백지 속의 안 보이는 글씨를 읽고 애틋하기 그지없는 답장을 부쳐 왔는데, 그건 시 나부랭이나 끄적거린다는 서푼짜리 글쟁이들이 그 근처에 얼씬도 못할 솜씨로 마음의 비단치마 한 자락을 깔아 놓은 것 같았다는 거야.

"푸른 비단 창 아래서 님이 보내신 편지를 뜯어 보니
편지지는 처음부터 끝까지 온통 흰 종이뿐이어라
아마도 님께서 헤어짐의 슬픔이 가득하여
수많은 무언중에 나를 생각함이라"

어이, 나도 저 곽휘원처럼 누군가에게 하얀 편지를 손의 실수로 잘못 부치면, 이런 미쁜 답시 한 편 받을 수 있을까, 아니 자네 지금 나한테 뭐라고 했나, 그런 꿈일랑 애시당초 깨는 게 좋다고?

바다의 묵시록
— 채석강에서

바닷가 외규장각에
더 쌓아 놓을 서가도 없건만
무슨 할 말이 남아 있어
바다는
또다시 빈 종이를 펼쳐
세찬 초서草書를 휘갈기고 있는가

이미 만 권의 책을 썼는데도
깊은 마음의 구렁 속
한마디를 아직 내뱉지 못했단 말인가

꿇어 엎드려
어제의 용비어천가를
이제 더 이상 베끼고 싶지 않다는
그런 말인가

비록 당장 읽어 줄 이 없을지라도
만고萬古의 뒤에

누군가 읽어 줄
절명시絶命詩 한 편을 써야만 한다는 듯
바다는 오늘도
시퍼런 먹을 묵묵히 갈고 있네

개골산皆骨山

메아리도 얼어붙어 되돌아오지 않는
돌의 뼈로 된 겨울 산
찢겨진 누더기를 걸쳐 입고
바람마저 버린
앙상한 거지 성자 하나가
언 폭포를 가슴에 품은 적멸보궁 같은 골짜기
그 어디선가
가늘게 부는
풍적風笛 소리 들리는 듯

오래된 돌확

간밤에 너무 목이 말라
뒷뜨락의
이끼 낀 돌확에 고인 달빛을
조롱바가지로 벌컥벌컥
바닥까지
다 떠서 마셨는데

어인 일인가
오늘 밤
더욱 푸르게
돌확에 찰랑이는 은하수
여섯 살 동승童僧의 반쪽 까까머리통 같은
표주瓢舟 한 척
둥둥 떠 있음이여

저 나막신 같은 나룻배에
몸을 실어
머나먼 미타찰彌陀刹까지
갈 수는 없을까

공중 채마밭

그야말로
친환경적으로 살아 본답시고
꽃가게에서
상추 모종을 심은 플라스틱 상자를
몇 판 사다가
15층 아파트 베란다에
채마밭을 꾸몄다

매일 아침 물뿌리개로
애기 상추들의 머리를 씻겨 주었더니
제 이름이 상추인 걸 깜빡 잊어버렸는지
너풀너풀
배추같이 자랐다

어느 날 저녁
그것들의 밑동을
싹뚝싹뚝 가위로 잘라
오랜만에

그야말로 생태윤리적으로
쌈을 싸서
아귀아귀 먹었다

어디선가 팔려 와
아찔한 공중 채마밭에
무슨 푸른 꽃인 양 심어져 있는
영문 모르는 어린 것들

이제부터
꽃상추만 뜯어 먹으려는
얄미운 인간 양들의 속셈을
까맣게 모르고 있는
저 여린 것들

제2부

귀가歸家, 내 가장 먼 여행

귀가, 내 가장 먼 여행 · 1

大曰逝 逝曰遠 遠曰反
(크다는 것은 간다는 것이고, 간다는 것은 멀어진다는 것이며, 멀어진다는 것은 되돌아온다는 것이다)
— 노자, 『도덕경』 제25장

어떻게 해서든지
무덤 자리 하나 마련하려고
고향땅으로 돌아가려는 게 아니라네
한번 떠난 바로 그 자리로
사람은
결코 다시는 돌아갈 수 없다는 걸
내 어찌 모르겠는가
그저 탯줄 묻은 그곳 가까이
조금 더 가까이 다가가 보려는 것이라네

지난해 여름
바랑 하나 달랑 멘 건달이 되어
은빛 곤들매기 새끼들 세상모르고 튀어 오르던
프로방스의 소르그 강가를 지날 때

쇠공놀이 하는 마을 사람들을 보았네

흙이 있는 곳이라면 어디든
누구든지 모여서
임의로 정한 목표점에 얼마나 가까이
쇠공을 기막히게 붙여 나가느냐에 따라
승부를 결정짓는
참 한가로운 페탕크 놀이

내가 한번쯤 만나고 싶어 했던 시인
르네 샤르 씨도
한축 끼어
밭고랑처럼 주름진 이마에 땀을 흘리며
빵집 아저씨보다
한 치라도 쇠공을 더 잘 던지려고
허리 구부려
잔뜩 고누고 있더군

집으로 돌아가는 길
내 가장 먼 여행은
무덤 자리 하나 잡기 위해서가 아니라네
저 페탕크 놀이의 쇠공처럼
우주의 배꼽에 최대한 가까이
나를 붙여 보려는 안타까움이라네
어머니의 아늑한 어두운 자궁 속으로
한사코 되돌아가려는
오래된 맹세라네

귀가, 내 가장 먼 여행 · 2

이렇게 저렇게
저렇게 이렇게
육십 년도 더 넘게 끌고 온
꿰매고 기운 헝겊투성이의
내 슬픈 부대자루를
해 지는 고갯마루에 잠시 부려 놓고
하늘에 밑줄 친 듯 그어진 운평선雲平線에
망연히 한눈팔고 있노라니
예전에 어디선가 본 듯한
허연 수염 휘날리는 조각구름 하나가
불현듯 다가와
축 처진 내 어깨를 두드리며 타이르네

"그동안 많이도 수고했네만
네 부대자루가 넝마가 될 때까지
조금만 더 끌고 가 보게
더는 나아갈 수 없는
천 길 낭떠러지

그 미완성의 정점頂点 끝에 다다를 것이니
그때 푸른 심연의 바다 한가운데
서슴없이 뛰어내리게"

이렇게 저렇게
저렇게 이렇게
육십 년도 더 넘게 끌고 온
꿰매고 기운 헝겊투성이의
내 슬픈 부대자루,
다 닳아진 한 조각 걸레가 되기까지
해 떨어지기 전
생의 마루바닥을
무릎 꿇고 더 닦아야 하네

순간의 거울 · 10
— 호수

물고기가 달을 껴안고
몸부림치는지
달이 물고기를 껴안고
몸부림치는지
호수 이불이 한번 들썩 솟구쳤다
내려앉으니
벌거벗은 우주의 밤이 온통
하얗게 뒤집힌다

순간의 거울 · 11
— 웃으면서 우는 여인

번갯불이 번쩍
유리창을 하얀 피로 물들일 때
꺼지지 않는 영원의 부조浮彫로
환히 드러나던
웃으면서 우는 얼굴의
여인이여!

순간의 거울 · 13
— 유리창

바람이 유리창을
흔드는 것이 아니라
날마다 부르고 싶은 이름
어쩌지 못해
유리창이 바람을 깨워
뒤흔드는 것이다

달빛이 유리창에
하얗게 밀려드는 것이 아니라
날마다 무너지는 기다림의 둑
가눌 길 없어
유리창이 달빛을
푸르게 밀려오게 하는 것이다

순간의 거울 · 15
— 풍접화風接花

벌거벗은 바람이
살짝 손을 내뻗어
쪽두리꽃의 젖가슴을 어루만지고

쪽두리꽃이
살짝 손을 내뻗어
바람의 맨살 허리를
몰래 휘어 감는
참 황홀한 애무의 한때를
전주 설예원雪藝苑 안마당에서
엉겁결에
나는 엿보았네

그대 이름은 풍접화風接花
바람의 손길이 스쳐야
비로소
피가 도는 여인

이 천지간
저 혼자 몸부림쳐 피는 꽃이
어디 있으랴

아아,
살갑게 간질이는
바람의 수작酬酌 없이는
쪽두리꽃 한 송이 피어나지 못함을
전주 설예원 안마당에서
문득 나는 엿보았네

순간의 거울 · 17

비린 비누 냄새 풍기는
긴 머리칼의
버드나무 그림자 비치는
물거울 연못에
막 낳은 물닭의 하얀 알 같은
수련 꽃봉오리들이
화들짝 놀란 듯
껍질을 깨고
부화孵化하는 때

은빛 비늘
온통 다 벗겨지는 줄도 모른 채
숭어 두 마리
칙칙한 수초 뒤에 숨어
서로 간질이며
꼬리 치며
대낮 흘레를 한다

저 죽음을 무릅쓴 사랑의 비등점沸騰點
지금 누구에겐가
보여 줄 수 없으니
나 혼자
무슨 기쁨이리

이슬

풀아, 꽃아, 나무야
차마 눈뜨고 못볼
밤새 포개어 자는 여치들의
불붙는 정사를
못 견디게 탐내는 시샘들을 한 것이냐
온몸에 송글송글
푸른 달빛 머금은
눈부신 서늘한 땀방울들 맺혀 있구나
풀아, 꽃아, 나무야

매미를 위한 변명

언제든
울 준비가 되어 있는
쓰르라미는
타고난 호곡사號哭士

그에게
아파트 단지 안에서는
시끄럽게 울지 말라고 하면
큰 잘못이다

시냇가의
뭉게구름 모자를 쓴
미류나무 그늘이나
훤칠한 키의 포플러 우듬지에 앉아서
한가로이
콧노래나 부를 때가 아니기에

그도

아파트 단지의
펄럭이는 플래카드에 매달려
울 수밖에 없다는 걸
왜 모른단 말이냐

이루어질 수 없다고
말하는 것을
이루어질 수 있다고
말하기 위해
외쳐 대는 걸
왜 모른단 말이냐

여름이 오기 전에도
여름이 와도
여름이 가 버렸어도

우리들의 일조권 주장을
우리들의 재건축 허가 투쟁을 위해

1인 시위를 하는
마지막 호곡사

울기 위해 태어난 그대여
목 놓아 울어라,
도시의 유리창이 다 깨지도록
쓰르람 쓰르람 쓰르라아암

돌의 꿈 · 2

— 로댕의 〈대성당〉

신의 오른손이
사람의 오른손을 잡는 순간,
그것들이 기둥으로 변하여
낙성落成 된
지붕 없는 성당

이따금
장엄한 그레고리안 성가가 울려 퍼지는
이곳에 들어서면
누구나
순한 당나귀가 되어
커다란 귀를 세운다
둥그런 우주의 메아리를
조용히 엿듣기 위해

이외출 씨의 하루

아침 일찍 누군가
나를 찾거든
이슬 맺힌 오랑캐꽃 보러
잠깐 둑길로 나간 것 같다고
그렇게 일러 주어라

점심 무렵 누군가
나를 찾거든
동네 우체국 앞
플라타너스 그늘 아래
잠깐 담배 피우러 간 것 같다고
그렇게 일러 주어라

해 질 녘 누군가
나를 찾거든
웃기는 농담 잘도 풀어 놓는 친구랑
삭힌 홍어 냄새 찌든 목포집
애절한 부용산 노래 한 자락 꺾으러

잠깐 술 마시러 간 것 같다고
그렇게 일러 주어라

한밤중에 누군가
나를 찾거든
하늘의 부싯돌 몰래 그어 대는
별똥별 붙잡으러
잠깐 옥상에 올라간 것 같다고
그렇게 일러 주어라

다음 날 아침 일찍 또 누군가
나를 찾거든
또 이슬 맺힌 오랑캐꽃 보러
잠깐 둑길로 나간 것 같다고
그렇게 일러 주어라

게 눈

평생 갯벌만 찍는
잽싼 스냅 사진사의 카메라
그 희한한 볼록렌즈엔
밀물도 아니고 썰물도 아닌
어지러운 우주의 온갖 찬란한 만다라 무늬들
아롱아롱 비칠 뿐

풀잎 가족

느닷없이
바람이 세게 불어오면
애비 풀잎은
휘어진 허리를 곧추세워
“얘들아, 잠깐만 엎드려라
얘들아, 잠깐만 엎드려라” 고
고래고래 고함치다가
뿌리를 허옇게 드러내면서
쓰러진다.

하지만 애비 풀잎이
뒤집힌 뿌리를
다시 일으켜 세우자
풀잎 가족은
일제히 어깨동무를 한다.

비 오는 날이면
새끼 풀잎들은 모두

벌판으로 몰려 나가
얼굴 때리는 물방울이 좋아
하늘을 향해
깡총깡총 튀어 오른다.

그 어린 것들 옆에서
애비 풀잎도
애미 풀잎도
덩달아 어깨춤을 춘다.

새끼들 중 누가 몸살이라도 나면
함께 끙끙 앓으며
밤새 뜬눈으로 밤을 세운다.

푸른 여름밤
별의 눈동자 초롱초롱 빛날 때면
풀잎 가족의 눈가에도
방울 방울 방울

투명한 이슬이 돋아
새벽까지
은하수 같은 이야기를
서로 주고받는다.

쇠뿔

쇠뿔도 단김에 빼라는
말이 있지만
그렇게 쉽게 뺄 수 없는 게
바로 그 쇠뿔

원래 뿔 각角은
깨달음의 각覺이기도 하므로
각각 다른 것이면서
하나인 것

어쩌다
쌍갈고리 같은 쇠뿔을
휘어잡는 수가 있으나
번번이
내 이마를 치받고
달아난다

아아,

바로 내 눈 앞에 있는
쇠뿔 하나 붙잡는 데
백 년이 걸린다

닮아진 미투리

우리가
짝짝이 신발이 되어
그렇게 그렇게
서로가 남남으로 걸어왔지만

그래도 이만큼
닮아지기까지 걸어온 건
아무 사이도 아닌 사이가
아닐 거야

우리가 비록 짝짝이 신발이었을지라도
일단 신어 버린 것을
함부로 벗어 던질 수는 없는 노릇

엄지발가락에 공이가 박여도
뒷꿈치에 물집이 생겨도
견디면서 견뎌 내면서
끌고 온

엇비슷 닳아진 미투리 같은
당신과 나

봄의 피

나무들이 풍기는 암내로
세상천지가 온통 비릿하다

축축한 사타구니로
막무가내 파고드는
이런 환장할 날의 바람결에
식식거리지 않는 놈은
지난 겨울 뻣뻣이 서서 죽은
시꺼먼 등뼈의
앙상한 고사목뿐이다

멍

1억 5천만 피트 상공의
우주 정거장쯤에서 바라보면
우리가 사는 지구라는 물별이
한개 푸른 오렌지처럼
떠돌고 있다고 한다

온통 짙은 멍 자국투성이의
이 떠돌이 별 위에서
신神의 모르모트 같은 우리들
어찌 멍 한번 들지 않고
뒤엉킨 생의 미로를 빠져나갈 수 있으랴

한두 번이 아니라
수없이 멍들어 본 사람만이,
삶의 뾰죽한 모서리에
느닷없이 무릎 부딪혀 피 흘려 본 사람만이
캄캄한 동굴 속을
뚫고 갈 수 있으리라

엉금엉금 기어서
먼 새벽의 문 두드릴 수 있으리라

어쩌다 시퍼런 멍 많이 든 사람끼리 만나면
끝내 삭지 않는 슬픔도
따끈한 국밥처럼 나누어 먹을 수 있어
좋구나

하루에도 몇 번씩
멍들고 또 멍들며 살아가노라면
우리도 언젠가
멍으로 빚은 물방울 보석 되어
반짝일 날 올 게다

나 때문에 멍들었다고
나 때문에 행복했을 세월
다 망쳐 버렸다고
툭하면 눈물 질질 짜는

내 사랑스런 어리광쟁이 여인이여,
그래도 난 굳게 믿는다
우리가 분명 두 개의 파란 멍별로 피어나
한없이 마주 보며 이끄는
쌍끌이 성좌星座가 되리라는 걸

하얀 그림자
— 목련의 환幻

쬐그만 신발들
놀던 그 자리에 그대로
장난치듯 어지러이 벗어 놓고
숨바꼭질하던 천상의 아이들
어디로 다 가고 말았는가,
마지막 술래의 머리카락 아직 나부끼는 듯
저만치서 아른아른 흔들리는
하얀 그림자,
깔깔거리는
환한 웃음소리여!

제3부

바람개비 별

쌀산 앞에서

누가
땡볕 아래서
눈썹 하나 까딱 않는 하늘 향해
빌고 빌고 또 빌었기에
흰 작은 염주알들
이토록 수북히
산처럼 쌓아 놓았는가

바람개비 별* · 1

태양보다 25배 무겁고
10만 배나 더 밝은 그대는
나의 눈부신 현기증

머리서 바라보기만 해도
온몸에 세찬 전류의 소용돌이가 일어
귀울음 윙윙 소리쳐 울게 하고
캄캄한 밤에도
오로라밖에는 아무것도
못 보게 하네

4천 8백 광년 떨어져 있던
그대가

* 미국 캘리포니아 버클리 대 연구팀이 하와이에 있는 직경 10m의 케크 망원경으로 지구에서 4800광년 떨어져 있는 바람개비 별(WR104)을 촬영하는 데 성공했다. 1998년 4월과 6월에 촬영한 사진에는 WR104가 바람개비 현상을 일으키는 모습과 바람개비 전체가 회전하는 모습이 잘 드러나 있다.

푸른 오렌지 같은 지구의 한 모퉁이
한 개 모래알인 내게로 오자
또 하나의 다른 우주가 열리고
웅크린 태아胎兒 형상의
6과 9가 만나는
둥그런 만다라 꽃
피어나네

바람개비 별 · 2

오늘 보았는데도
안 본 것같이
오늘 못 보았는데도
본 것같이
그대는 언제나
내 눈꺼풀 위에 서 있어
희한한 무중력의 허공을
걷고 있네

밤을 통하지 않고서는
낮을 볼 수 없는
이 찢겨진 비형鼻荊*의 슬픔을
부활절의 태양보다 더 따스한

---

* 『삼국유사』의 「도화녀桃花女와 비형랑鼻荊郎」 편에 나오는 진평대왕 시절의 인물로, 왕이 용사 50명을 시켜서 지키도록 했으나 밤마다 성 밖으로 멀리 도망가서 놀다가 새벽 종소리를 듣고서야 집으로 돌아왔다고 전해짐.

빛의 옷으로 감싸 주는
그대

오늘 보았는데도
안 본 것같이
오늘 못 보았는데도
본 것같이
한 발짝 한 발짝
생의 비밀을 만들어 가는
눈 시린 만남의 기적
새겨지네

바람개비 별 · 3

자석이 쇠를 당기듯이
나를 끌어당기는 그대 사랑의 힘
거역할 수 없네

그 무슨 시퍼런 작두날로도
끊을 수 없는 운명의 실
그 무슨 신神의 질투 어린 명령으로도
노여움으로도
결코 가로막을 수 없는
상호적 시선의 거울이여!

한 광원光源에서 나와
오누이 별 되어
광대한 우주의 심연으로 사라진 뒤
영겁회귀의 바퀴를 굴리고 굴리다가
이제사
눈물겨운 눈길로 말을 걸게 되었는가

'검은 태양' 이 비치는
추운 인간의 사막에서
할 말이 없어도
언제나 말을 하게 하는 그대는
나의 환희의 수도首都

그 어떤 무시무시한 세계대전으로도
그 어떤 참혹한 육이오,
수소폭탄으로도
결코 파괴할 수 없는
행복의 얼굴이여!

쇠가 자석에 이끌리듯이
그대에게 이끌려
한없이 빙글빙글 도는 원무의
한복판
하시시 먹은 듯 하시시 먹은 듯
타오르네, 날아오르네.

바람개비 별 · 4
— 마음의 귀

바람구두를 신고
굴렁쇠를 굴리는 사나이
늘 마음의 귀 쏠리는 곳
그 우체국 앞 플라타너스 아래로
달려가노라면,
무심코 성냥 한 개비
불붙이고 있노라면

눈으로 약속한 시간에 마중 나오듯
그렇게 마중 나오는
그대의 신발 끄는 소리……

저 포산包山 남쪽에 사는 관기觀機가
불현듯 도성道成을 보고 싶어 하면
그 간절함
바람으로 불어 가
산등성이 떡갈나무들이 북쪽으로 휘이고
도성 또한 관기를 보고 싶어 하면

그 기다림
바람으로 불어 가
산등성이 상수리나무들이 남쪽으로 휘이는 것
옛적에 벌써
우리 서로 보았는가

내가 보내는 세찬 기별에
그대 사는 집의 처마 끝이나
그 여린 창문이 마구 흔들리는
뜨거운 연통관連通管이 분명 뚫려 있어
눈으로 약속한 시간에 달려가는
내 눈먼 굴렁쇠여!

바람개비 별 · 5

어찌하여
그대에게만 닿으면
내 안의 화약통
그 뇌관이 꽃불로 터지는지
나는 모르겠네

그대가 아래서 춤추고
내가 위에서 춤추는
캄캄한 태극太極의 대낮이었다가
그대가 위에서 춤추고
내가 아래서 춤추는
눈부신 무극無極의 밤이었다가
입으로 제 꼬리를 물고 있는
우로보로스 뱀같이
둥그런 하나의 고리가 되는지

어찌하여
그대에게만 닿으면

내 안의 화약통

그 뇌관이 꽃불로 터지는지

나는 모르겠네

그림자를 낚는 사람 · 1

가물거리는
상념의 호숫가에
낚시바늘 없는 낚싯대를 드리워 놓고
없는 물고기인 '나' 를
기어이 잡아 보겠다고
온종일
바람 부는 갈대밭에 앉아 있는
저 멍텅구리 좀 보소
프르륵 프르륵
찌를 흔드는 것이
제 그림자인 줄도 모르고
매번 헛되이 낚싯대를 끌어당기고 있는
번쩍 빛나는 찰나의 비늘에 홀린
저 멍텅구리 좀 보소

그림자를 낚는 사람 · 2

하느님께서
낚시를 하시는 날인 줄도 모르고
비 오는 날
흙탕물 휩쓸려 가는 강가에 서서
가물치를 잡겠다고 낚싯대를 드리우고 있는
저 얼빠진 사내를 어찌할꼬
어찌할꼬

안 보이는 하늘의 낚시바늘이
휘익 날아와
낚시꾼의 등덜미를 훌쩍 낚아채는 찰나
검은 구름 틈 사이로
느닷없이 뛰쳐나온 벼락이
번쩍 강둑을 내리친다

자신이 지상이 가물치인 줄 모르고
가물치를 잡겠다고 강가에 나온
지금 까마득한 허공 중에

한 올 지푸라기 되어 버둥거리는
저 얼빠진 사내를 어찌할꼬
어찌할꼬

물총새잡이의 기억 · 1

어디선가
황색 부리 하늘색 허리의
물총새가 날아와
시냇물에 닿을락 말락
총알같이 빠르게 물살 튕기며
번뜩이는 찬란한 배때기의
한 마리 피라미를 물고
커다란 무지개의 활[弓]보다 높이
가뭇없이 사라진 뒤
뭉게구름 속에
분명 둥지를 틀고 있을
그 물총새의 푸른 울음소리 귓가에 맴돌아
하많은 여름날
고무줄 새총으로
새하얀 신기한 구름 걸려 있는
천 길 포플러의 우듬지를
얼마나 수없이 쏘았던가

물총새잡이의 기억 · 2

뙤약볕 아래
알발로 철로를 밟으며
한 시오 리쯤 걸어가노라면
탱자나무 울타리 너머
황토 비탈에
복숭아 과수원이 있었다
거기 보숭보숭한 백도白桃 빛 얼굴의
낙구네 누나가 살고 있었는데
그 누나의 뺨이 유난히 고운 것은
머잖아 죽게 될
폐병에 걸렸기 때문이라고 했다

서방 바위 지나
각시 바위에 다다르자마자
우리 개구쟁이 녀석들은
헐떡이는 개구리마냥
첨벙첨벙 냅다 냇물에 뛰어들어
서리해 온 풋복숭아를

주둥이가 찢어지게 물어뜯었다

살갗이 수밀도 껍질처럼
아프게 벗겨지던 여름
오줌 멀리 싸기에서 이긴 날의
낄낄대던 참외배꼽이여!

붉은 구름

가없이
크고 둥그런 창천蒼天
그 어딘가에 숨어서
보이지 않는 이가
날마다 연출하는
그림자 연극 속에 나오는
눈먼 사랑에 목을 맨
참 애절한 연인들처럼

머흘고 머흘다가
끝내
만나지 않을 수 없는,

뒤엉키고 뒤엉키다가
끝내
흩어지지 않을 수 없는,

그러다가

있으면서 없고
없으면서 있는 듯
한없이 흐르지 않을 수 없는,

파란 무한허공 속
매듭 풀린 뫼비우스의 띠 같은
붉은 흔적

은행나무가 내게 말하기를

내가
와르륵
땅 위에 떨어뜨리는 눈물을
마지막 작별의 인사로 여기지 마라

이건
내 목숨이 잠시 저물어 가는 것일 뿐
영원소멸永遠消滅의 사라짐이 아니기에
이렇듯 환한 황금 웃음으로
깔깔대고 있는 것이 아니냐

보아라,
저 갈라진 시멘트 벽 틈에 끼여서라도
저 움푹 파인 구덩이에 파묻혀서라도
살면서 버팅기고, 버팅기면서 살아가는
거의 아무것도 아닌 벌레의
웅크린 기다림을!

마침내 말라 비틀어져 죽을지언정
땅 위엔
결코 자살하는 풀잎이 없다는 걸
똑똑히 보아라

해마다 들판에 씨를 뿌리는
안토니아네* 사람들이
아이를 낳고 또 아이를 낳고
그 아이의 아이가
또 아이를 낳듯이

내 저물어 가던 목숨의 씨앗도
머잖아 봄처녀로 되살아나
새싹을 낳고 또 낳을 것이니

---

* 네덜란드의 여성 감독 마를린 고리스의 영화 〈안토니아스 라인〉(1997년 작)에 등장하는 여주인공 안토니아를 가리킴.

내가
불현듯 흔드는
이 가을날의 하염없는 손짓을
또 하나의
굳건한 약속의 인사로 알아라

돈황시편 · 1
— 명사산鳴沙山

백동白銅 빛 해가
모래마루를 굴러다니던
그 여름 저녁답
빈 풍적風笛 소리로 흐느끼던 명사산
마야부인의 젖무덤 같은 등성이에 올라
그대가
모래썰매의 앞날개가 되고
내가
뒷날개가 되어
호숩게 호숩게
노 저어 갈 때
나는 보았네
사람들이 언뜻 보았다고 믿었던
번갯불의 영원을,
그 눈부신 현존의 한가운데
짜르르 가로질러 지나가던
캄캄한 섬광을

돈황시편 · 2
— 월아천月牙泉

사막이 아름다운 건
사막 어딘가에 샘물이 숨어 있기 때문이라고
하늘의 쟁기꾼
생텍스*가 말했던가

결코 메워지지도 않고
마르지도 않는
영원한 사막의 샘,
그 초승달 샘가로
마른 입술 축이러
쌍봉낙타를 타고 가던 날

월아사月牙寺 계단을
단숨에 뛰어올라
기둥 뒤로 숨어
숨박꼭질하던

* 『인간의 대지』의 저자 앙투안 드 생텍쥐페리의 애칭.

두 그림자
한 찰나 더욱 세찬 포옹으로 묶여
휘몰아치는 모래폭풍에도
꿈쩍 않는
탑이 되었네

돈황시편 · 3
— 모가오쿠莫高窟에서

돈황문물연구원의 리신李新이
손전등을 비추며 안내하는
빈 벌집 같은 석굴들을 둘러보다가
프랑스 도굴꾼 펠리오가
혜초의 왕오천축국전을 훔쳐 내왔다는
16호 굴 앞에 서자
마른 벼락에라도 얻어맞은 듯
진땀나는 전율이
내 온몸을 휘돌아 지나갔다

때마침 수리 중이라서
일천육백 년 동안의 먼지 낀 고독 속으로
들어가 볼 수 없게 된 것이
오히려 다행일지 모른다고
무심코 중얼거리며 돌아설 때
아직도 17호 감옥에 갇혀
좌선을 하고 있던 혜초가 벌떡 일어나
소리쳤다

"당장
불란서 땅 파리 국립도서관으로 달려가
내 혼을 끌어내어
제발 조선 땅으로 데려가라"

무서운 고요가
모래폭풍마저 엎드리게 하는 대낮
성난 표범처럼
장경굴藏經窟을 뛰쳐나온 혜초
자꾸만 주장자拄杖子를 치켜들어
갈 길 서두르는
내 발등을 내리치고
또 내리쳤다

돈황시편 · 4
— 비천飛天

끈끈이주걱보다
더 끈질기게 따라붙는
염탐꾼들의 눈초리
그 촘촘한 감시의 그물망을 빠져나와
내가 오작교라도 건너가듯
성큼 돌다리를 건너
돈황 호텔 별관에 들어서자

지난밤
중앙로 네거리에서 보았던
등 뒤로 비파를 타며 춤추던 비천상飛天像이
언제 앞장서 걸어왔는지
내 손을 슬며시 잡아당겨
램프가 나지막이 타고 있는 방으로
나를 안내했네

거기
버드나무 푸른 그늘 드리워진

그윽한 창가에
어쩌면 전생에 내가 이미 보았었을
아주 낯익은 옆모습의 서울 여인 하나가
서 있었네

아아,
예전엔 왜 몰랐던가
내 팍팍한 삶의 밤길을
초롱불 비추며 따라온 여인,
그대가 돈황의 비천이고
돈황의 비천이 바로 그대인 것을
예전엔 왜 몰랐던가!

웅덩이 속의 무지개

나는 똑똑히 보았다
대지의 조그만 거울
더러운 검은 웅덩이 속에
영롱한 무지개가 피는 것을

황톳길,
자갈길,
아스팔트 길,
뚫어진 세상의 길이란 길 모두
헐레벌떡 누비고 누비다가
앙상한 시체 되어 내팽겨쳐진
자동차 무덤 가까이
온갖 썩어 가는 물과 기름들 모여 있는
아롱아롱 빛나는 화엄의 늪
그 웅덩이 거울 속에
어느 날엔 구름이 쉬어 가기도 하고
어느 날엔 달이 마실 오기도 하고
어느 날엔 배고픈 개들이

컹컹 짖어 대다 사라지기도 하고
어느 날엔 주홍빛 유곽의 불빛들
무릉의 복사꽃으로 피었다 지기도 하는 것을
때때로 나는 보았다

아아,
나는 똑똑히 보았다
대지의 조그만 거울
더러운 검은 웅덩이 속에
영롱한 무지개가 피는 것을

이사

버려야 할 것들을 가려 놓고도
막상 옮겨 갈 때에는
이것도 챙기고 저것도 챙기며
질긴 인연의 피붙이인 양
데불고 간다

낡은 월간 잡지,
관리비 영수증,
삐걱대는 나무 책꽂이,
파란 플라스틱 쓰레기통,
고장난 뻐꾹시계,
먼지 낀 잉크병,
뒤축이 다 닳아 버린 쭈그러진 구두까지도
기어이 데불고 간다

어느 날인가
땅 위에서의 유랑이 끝나는 날
저 쓸데없는 가련한 것들

저 시시콜콜한 것들
나귀 등에 산처럼 첩첩이 싣고
천국의 고개를 넘어서 갈 일이
지레 숨차고 팍팍하구나

봄바람 설레
이사하기 좋은 날
가뭇없이 사라진 순간들의 다발
스쳐 간 얼굴의 덧없는 사진들을
가랑잎 태우듯 태우노라니,
한 꺼풀 한 꺼풀
허물 벗은 듯 가벼워지는
내 납덩어리 몸의
무게여!

제4부

소금창고가 있는 풍경

밴댕이를 먹으며

무게 없는 사랑을
달아 보고 또 달아 보느라
늘 입 속에 말을 우물거리고만 있는
나 같은
반벙어리 보라는 듯
영종도 막배로 온 중년의 사내 하나
깻잎 초고추장에
비릿한 한 움큼의 사랑을 싸서
애인의 입에 듬뿍 쑤셔 넣어 준다
하인천 역 앞
옛 청관으로 오르는 북성동 언덕길
수원집에서
밴댕이를 먹으며
나는 무심히 중얼거린다
그렇지 그래
사랑은
비릿한 한 움큼의 부끄러움을
남몰래
서로 입에 넣어 주는 일이지……

파도리 고 씨의 팻말 읽기

인천 용현동 물텀벙집에서
물텀벙을 먹으며
충청도 태안 파도리가 고향인
벼랑 끝 전술로 하루하루 버팅긴다는
부도난 중소건설회사 사장 고 씨가
내게 이렇게 말했다.

"오랜만에 고향 뒷산
깎아지는 바위에 올라갔다가
「자 · 살 · 금 · 지」라는 팻말을 보았는데유,
그걸 워떻게 읽어야 바로 읽는 것인지
저는 정말 모르겠데유

그걸 오른쪽에서부터 읽어 보니께
「지 · 금 · 살 · 자」가 되는데유
그렇게 읽어도 괜찮치 않어유,
선생님은 워떻게 읽어야 할지
잘 아시것지유?"

난 잠시 망설이다가 대답했다.

"글쎄, 「자 · 살 · 금 · 지」라는 말이나
「지 · 금 · 살 · 자」라는 말이나
뜻은 다 똑같은 것 같은데
이왕이면 오른쪽에서 왼쪽으로 읽는 게
좋겠구먼……"

고 씨가
알쏭달쏭하다는 듯 고개를 갸웃하더니
"그러지만서두유, 저한테는
「자 · 살 · 금 · 지」가 더 강한 것 같어유……"
라고 대꾸했다.

그 순간 내 뇌리에 번뜩
언젠가 찾아갔던 몰운대沒雲臺,
제 몸통보다 몇 배나 큰 바위를 밀치고
오백 년도 더 산 늙은 소나무가

앞으로 오백 년을 더 버틸 자세로
오연한 고사목이 되어 뻣뻣이 서 있는
낭떠러지가 떠올랐다.

그래서
무슨 번개 같은 묘수妙手라도 깨친 듯
고 씨에게 즉시 말했다.

“몰운대를 가 본 적이 있소?
안 가 봤으면, 한번 가 보시오.
거기 아찔한 벼랑 위에 서 있는 소나무한테
글자 읽는 법을 물어보시오.
왼쪽부터 읽어야 할지
오른쪽부터 읽어야 할지를!”

아담 옷수선 가게

우리 동네
아담 옷수선 가게에 가면
내 키가 2센티쯤 더 자라서 온다

다리가 남보다 좀 짧아서
바지를 5센티만 줄여 달라고 하면
아담 옷수선 가게의
꼭 내 막내고모같이 생긴
서글서글한 눈매의 아줌마는
언제나 3센티만 줄여 주는 넉넉한 버릇이 있다

우리 동네
아담 옷수선 가게에 가면
내 어깨가 2센티쯤 더 넓어져서 온다

어깨가 남보다 좀 좁아서
양복 상의의 뽕을 다 빼내고
5센티만 줄여 달라고 하면

아담 옷수선 가게의
꼭 내 큰 외숙모같이 생긴
살가운 정읍 사투리 아줌마는
언제나 뽕을 반쯤만 빼내고
3센티만 줄여 주는 넉넉한 버릇이 있다

슬쩍 줄자로 재어 보는 것만으로
아주 편안하고 넉넉하게
모든 옷을 거듭 태어나게 하는
조그만 부활의 집,
흐릿한 형광등 아래
60년대 브라더 재봉틀 소리가 개여울처럼
돌돌돌 흘러가는
세 평 남짓의 전셋집

그런데 오늘은
하늘색 페인트칠 벗겨진 문짝에
누런 자물쇠 하나

입을 꼭 다문 채
매달려 있다
“당분간 문을 닫습니다”
검은 리본의
은박 종이에 싼 국화꽃 한 송이
문고리에
비스듬히 꽂혀 있다

소금창고가 있는 풍경

소래포구 어디엔가 묻혀 있을
추억의 사금파리 한 조각이라도
우연히 캐낼 수 있지 않을까 하는
속셈을 슬그머니 감춘 채
몇 컷의 흑백 풍경을 훔치러 갔다
가을은 서둘러 떠나 버리고
미처 겨울은 당도하지 않은
서늘한 계절의 어중간
버젓이 갯벌 생태공원으로 둔갑해 있는
옛날 소금밭에 들어서자
찰칵, 찰칵, 찰칵,
사정없이 풍경을 자르는
재단사의 가위질 소리에
빼빼 마른 나문재들이 어리둥절
몸을 웅크렸다
시커먼 버팀목의 부축을 받으며
간신히 버티고 서 있는 소금창고와
버려진 장난감 놀이기구 같은 수차水車가

시들어 가는 홍시빛 노을을
망연히 바라보고 있을 뿐
마른 뻘밭에 엎드린
나문재들의 흐느낌 소리를
엿듣는 이는 아무도 없었다
소금창고가 있는 풍경을 베끼러 갔다가
오히려 풍경의 틀에 끼워져
한 포기 나문재로
흔들리고 말았음이여

장자와 짬뽕을 먹다

인천 차이나타운 풍미에서
묻지 않고는 못 배기는 동곽자東郭子가
말대꾸하기 싫어하는 장자와
매운 짬뽕을 먹다가
느닷없이 이렇게 물었다.
여직까지 그 코빼기도 본 적 없는
도道라든가 뭐라든가 하는 이름의
굉장한 것이 있다던데,
그것이 어디에 있는지 아시오?
아아, 그거 말이요
청개구리나 개미에게도 있소.
어찌 그리 하등下等한 것들한테 있는 것이오?
아아, 그게 글쎄 기장이나 피에게도 있소.
어째서 더 하등한 것으로 내려가시오?
아아, 그게 그러니까, 기왓장이나 벽돌에게도 있소.
어째서 더욱더 하등한 것으로 내려가시오?
아아, 식사하면서 말하기가 좀 뭣한데
똥이나 오줌에게도 있소.

그렇게 하등한 것으로 자꾸만 내려가는 걸 보니
거의 아무것도 아닌 것인 모양이오?
아아, 뭐 그렇다고 볼 수도 있소만,
어쨌든 그걸 직접 본 사람이 없소.
너무나 작아서 그런 것 아니오?
아아, 아주 작아서 그런 게 아니고
너무 커서 그렇소.
똥에도 있다는 그게
어째서 크다고 하는 것이오?
아아, 똥오줌 얘기가 자꾸 나오니
입맛이 다 달아나겠소.
오늘은 이만하고
짬뽕이나 맛있게 먹는 게 좋겠소.
(………?)
(………?)

갈매기의 편지

구름 저 너머
창공의 이마를 쪼지 못하는
이 부리는
더 이상 부리가 아니라오

밀가루 공장 지붕 밑에서 태어났어도
갈매기란 이름 석 자 자랑스러워
파도보다 더 큰 소리로
머언 해협을 향해
까르륵 까르륵
목젖 발갛게 드러내는
새하얀 웃음 드날리던 때가
분명 내게도 있었다오

가시철망에 상처 입은
언 맨발로
차디찬 뻘밭을 건너온 지
몇만 리,

단 한 번만이라도
천둥 치는 하늘로 치솟아 오르고파
헛된 희망에 머리 부딪치며
검은 운명의 폭풍우를 넘나든 지
몇만 리

매캐한 파이프 연기를 연신 뿜어 대며
거드름을 피우는
빨간 넥타이를 맨
배불뚝이 유람선
그 뒤꽁무니나 따라다니며
새우깡 따위를 얻어먹고 사는
이 비천한 나그네

수평선 저 너머
장엄한 제단의 촛불인 양 피어오르는
금빛 노을의 나라 서 너머로
날지 못하는 이 날개는
더 이상 날개가 아니라오

동막동 저어새

내가 저어새가 아닌 이상
저기 앉아 있는
저어새의 마음을 알 수 없으나
저기 저렇게 앉아서
날 힐끗 힐끗 쳐다보며
궁리를 하고 있는 저어새는
분명 외치고 싶은 뭔가가 있는 게다

돌 축대를 엉성하게 쌓아 놓고
어린 소나무 몇 그루 꽂아 놓은
삭막한 인공 섬에
우선 아홉 식구가 이주해 온 까닭이라도
하소연하려는 걸까
어미 저어새 한 마리
자꾸만
긴 구둣주걱 같은 주둥이로
꺼억꺼억 도리질을 한다

라이켄의 사막*

인천 송도경제자유구역 가까이
고여 썩어 가는 유수지 한가운데
둥지를 튼 저어새는
더 이상 타고난 야생의 철새가 아니다

갓 태어난 어린 새끼들에게
겨우 갯지렁이 몇 가닥 물어다 주고
푸들푸들 진저리 치는 저어새

그는 지금
목쉰 소리로 외치고 있는 것이다
우리를 철새보호구역에 가두지 말고
갯벌과 더불어,
사람과 더불어,
연수구 동막동 주민으로 살게 해 달라고……

---

* 나무껍질이나 돌거죽에 붙어 사는 지의地衣식물인 돌옷lichen 무리를 볼 수 없는 삭막한 지대를 가리킴.

나문재

누구라도
밀물 드는 저녁 갯벌에 서서
나문재 밭을 보거든
그저 붉게 깔린 바닷가 꽃밭쯤으로
바라보지 말 일이다

가쁜 숨 몰아쉬며
익사하는 태양이
각혈하듯 검은 피 쏟아 놓아
갯벌이 팥죽빛으로 어두워진 뒤에도
나문재 뜯으러 간 어메
영 돌아오지 않아

단발머리
깡마른 막내고모의 등에 업혀
옴마한테 얼룽 가아,
옴마한테 얼룽 가아,
보채고 또 보채는

새까만 코흘리개 하나 있었느니

배고파서
부엉이 새끼같이 눈 껌벅이는
한밤중
쉰 나문재 몇 줄기
씹어 삼키고서야
가까스로 잠들었느니

꿈속에 무시로 떨어지는 별똥별들
하얀 튀밥 되어
머리맡에 수북이 쌓여 갔느니

누구라도
밀물 드는 저녁 갯벌에 서서
나문새 밭을 보거든
그저 붉게 깔린 바닷가 꽃밭쯤으로
바라보지 말 일이다

사잇잠

어두한 인천 신포시장
양키 물건 장사로 이름난
황해도 해주댁은
"먹고 죽은 귀신은 때깔도 좋다" 면서
조니워커 블루를 한 병
배짱 좋게 따 놓고서
홀짝홀짝 마신다

금세 낭랑한 코 고는 소리가
드르렁 스르렁, 드르렁 스르렁
멀리 삼도천三途川 기슭까지 흘러갔는지
난데없이 공무도하가公無渡河歌를 부른다

"여보시오, 그 물을 건너지 마시오!
여보시오, 그 물을 건너지 마시오!
여보시오, 그 물을 건너지 마시오!"

한사코 강물 속으로 빠져드는

용철이 애비를 붙들려고
손을 내저으며 내저으며
반쯤 실성한 듯 울부짖는다

마침 시장 골목을 한 바퀴 돌던
일수쟁이 아줌마가
정신 차리라고, 정신 차리라고
세차게 어깨를 흔들어
사잇잠을 깨웠기 망정이지
하마터면 해주댁
대낮에
시퍼런 강물 속으로 가뭇없이
빠져 버릴 뻔했다

배꼽산

멀리 나부끼는
손수건만큼의
바다 조각이라도 바라다볼까 해서
배꼽산을 오른다

옛 비류沸流 백제의 배꼽
다 문드러진 흉터 자국이나마
찾아볼 수 있을까 해서
그 꼭대기에 올라
두 눈을 씻고 또 씻어
두리번거려 보지만
버짐 먹은 배꼽산엔 배꼽이 없다

아아, 슬픈 미추홀彌鄒忽 땅이여!
푸르른 생기 뛰놀던 혈맥마다
쇠못에 찔려
거의 뇌사 직전의 빈사상태로 나자빠진
시든 몸뚱어리가 되고 말았는가

등허리에 올라서서
힘껏 발을 굴러 보아도
옆구리를 쿡쿡 찔러
잠깨워 보아도
그저 힘겨운 듯 고개를 들어
거무스레한 안개 두른 먼 도시를
멀거니 내려다볼 뿐
큰 기침 소리 한번 시원스레
내지르지 못한다

그래도 아직은 이끼를 기르는 바위가
숨 쉬고 있고
그래도 아직은 굴참나무 숲길에
사람들이 던져주는 새우깡 따위를 주워 먹는
다람쥐 새끼들이 놀고 있기에,
커다란 금속 배꼽을 단 레이더가
쉬임없이 빙글빙글 돌고 있는
일그러진 산을
오늘도 오른다

35평방미터의 고독 · 4
— 딱따구리

잠 안 오는 밤
심술궂은 한 마리 딱따구리가 되어
나는 시멘트 벽에 부질없이 못을 박는다

번번이 빗나가는 나의 망치질에
구부러지거나
한사코 튕기는 못대가리
그놈의 뻔뻔스런 저항을 향해
용서할 수 없는 정면대결을 선언한다

잘못 박은 어제의 못을 빼내고
그 상처투성이의 비뚤어진 구멍에
오늘 다시 회심의 못을 똑바로 박아 보려 하지만
매양 죄 없는 손가락만 피멍 드는
비참한 헛손질로 끝날 뿐이다

이 슬픈 병원 같은 도시에서
누군가 고향의 숲을 그리워하는 이 있다면

내가 못 치는 소리를
딱따구리의 쪼는 소리로 들어 다오

잠 안 오는 밤
심술궂은 한 마리 딱따구리가 되어
나는 시멘트 벽에 부질없이 못을 박는다

어린 꼬리치레도롱뇽의 하루

타는 입술에
물 한 모금 적실 길 없는
살아서는 건너지 못하는 타클라마칸 사막보다
더 험난한 자갈밭을
꼬리치레도롱뇽 한 마리
온종일
낮은 포복으로 헤쳐 간다

하루 50미터의
그 최대한의 행동반경
산다는 것의 극한을 향해
푸른 생피 흘리며 숨 가쁘게 꿈틀댄다

등껍질이 벗겨지고
무릎뼈가 문드러지는
삼보일배三步一拜의 길

그 피어린 홀로의 행진 끝에

어린 꼬리치레도롱뇽이
가까스로 다다른 곳은

포클레인들 무섭게 으르렁거리는
공사장 근처
온갖 기름들 엉겨 떠 있는
시커먼 웅덩이

유난히 커다란 볼록눈을 지닌
어린 꼬리치레도롱뇽
저 멀리 이끼 낀 고향을 얼른 볼 듯도 하건만
두어 발짝 둘레조차
잘 분간 못하는
슬픈 천형天刑의 근시안임을 어찌하랴

아아!
더는 나아갈 수 없는
백척간두百尺竿頭에서 뛰어내리듯

어린 꼬리치레도롱뇽

기어이 살기 위해

거짓 무지갯빛 아롱진 웅덩이 속으로

여지없이 몸을 던진다

지구는 결코 둥글지 않다

저녁 식사 중
느닷없이
세계의 끝에서
지푸라기같이 말라 죽어 가는 아이의
울음소리가 들려온다

수천 수만 개의 바늘이
일시에 꽂히듯이
그렇게 내리꽂히는 적도의 불볕 아래서
바가지 한 개로
머리통을 무겁게 가리고
간신히 간신히
하루의 목숨의 끈을 이어 가던
그 아이의 앙상한 울음소리일까

나는 그저
샹들리에 불빛 휘황한
양탄자 깔린 레스토랑에서

졸깃한 바닷가재의 속살을
쏘옥쏘옥 파먹을 뿐

운동장만큼 커다란 텔레비전에서는
소말리아 난민수용소가
속속 소개되고 있다
파리 떼가 달려드는 입속으로
눈물 젖은 국수 가닥을 집어넣고 있는
아이의 비쩍 마른 막대기 손을
화면 가득 확대하여
자꾸 확대하여 보여 준다

나는 그저
매끄러운 소가죽 의자에 앉아서
프랑스 보르도산 포도주를
코로 흠흠거리며
사알살 혓바닥으로 굴릴 뿐

저녁 식사 중
세계의 끝
가도 가도 끝이 없는 붉은 모래땅에서
한 마리 허기진 생쥐 새끼가 되어
쓰레기 더미 속을 뒤지다가
난데없는 총탄에 까무러친 아이의
피에 젖은 비명 소리가
모기 소리인 듯 들려온다

나는 그저
인조 보석을 뿌려 놓은 듯
찬란히 반짝이는 서울의 밤
장미꽃 레이스로 장식된 창밖을 바라보며
달콤 쌉싸름한 모카커피를
홀짝홀짝 마실 뿐

종소리

이 세상에서 두려워하는 것이라곤
오직 죽음밖에 없는
파뉘르주라는 천하 건달 중의 건달이
바렌느 마을을 지나가다가
종탑에서 울려나오는 종소리로
결혼할 것이냐 말 것이냐
자신의 운명을 결정짓기로 했다네

대앵 대앵 댕그렁, 대앵 대앵 댕그렁
멀리서 울려 나오는 종소리가
그 익살꾼 건달의 고막을 때렸네

"결혼해라, 결혼해라, 결혼해,
결혼해, 결혼해, 해, 해
네가 결혼하면, 하면, 하면, 하면
넌 행복할 거야, 거야, 거야
결혼해, 결혼해, 해, 해……"

하지만 종탑 바로 가까이 이르자

다시 종소리가 때앵 때앵 땡그렁 외쳐 댔네

“결혼하지 마, 하지 마
하지 마, 하지 마, 하지 마, 지 마, 지 마
네가 결혼하면, 하면, 하면
넌 후회할 거야, 거야, 거야
넌 오쟁이 진 사내 될 거야, 거야, 거야……”

이렇듯 보기 좋게
종소리에 농락당한 파뉘르주
한바탕 크게 껄껄대다가
‘희망’ 이라는 놈과 ‘두려움’ 이라는 놈을 데리고
다시 총총히 길을 나섰다네

결혼을 해도 그만, 안 해도 그만인
그 천하 건달
어떤 운명의 줄을 붙잡았는지
아무도 모른다네

귀울음

1

날랜 물총새에게
잡아먹히지 않으려고
각시바위 서방바위 오르락내리락
숨바꼭질하는 피라미 새끼같이
텀벙거리던 여름
푸른 시냇물 소리 귀에 들어와
찰싹찰싹 여울졌네

2

이등병 시절
강원도 화천에서 경기도 의정부까지
엎드려 쏴,
앉아 쏴,
서서 쏴,
가상 적의 얼굴과 심장을 행해
쏘아 대던 연습사격
내 스물두 살의 과녁은

이유도 모르는 채
정조준 되어
그렇게 숭숭 구멍이 뚫렸네

나아갈 길 없어
이마에 식은땀 돋는
캄캄하게 가위눌린 밤이면
그치지 않고 들리던
황토 골짜기의 총소리
총소리

뱀과 놀다

무쇠 달궈지듯 더운 여름
빈 거울이라는 이름의 선사가
서늘한 장판방에 누워 낮잠을 자는데
웬 산뱀 한 마리가 문턱을 넘어
스르르 기어들어 왔다
뱀은 모가지를 치켜들어
무슨 나무등걸인 양
선사의 배 위로 슬슬 기어 올라갔다
아뿔싸
이를 본 파르란 까까머리 동승 하나가
파랗게 질려서
'아앗' 하고 소리를 질렀다
그러자 짐짓 자는 척하고 있던
빈 거울 선사가
"그냥 놀다 가게 내버려 두거라" 고
들릴 듯 말 듯 나직이 말했다
뱀이 이를 엿듣고
흠칫 놀랐는가 싶었는데

금방 아무 일도 아니라는 듯
선사의 배 위에
풀어 놓은 혁띠처럼 잠시 쉬다가
사르르 문턱을 넘어
풀숲으로 사라졌다
연잎 속에 몰래 숨어
헐떡이던 개구리 한 마리
철버덩
둠벙에 뛰어드는 소리

그 여름의 미황사

내리쳐도 내리쳐도
한사코 솟구쳐 나오는 머리통을
그 어떤 도끼로도 박살 낼 수 없었나 보다
짙푸른 구곡九曲 병풍으로 둘러선
산등성이마다
잘생긴 달마들 기웃기웃 서서
동백꽃들 벙근 젖가슴 보느라
회동그란 눈에
불이 붙어 있었네

영문 모르고
여름 한문 외우기 공부에 붙들려 온
땅강아지 같은 아이들
돌담 넘어 뙤약볕에 익어 가는 까마중에만
한눈팔려
생각 사思 자에 마음 심心이
하나같이 떨어져 나가고 없었네

허허,

달마산이 바로 절간이거늘
미련한 중생들은 무엇하러 빈 법당에서 빌고 있는가
한마디 내뱉고 싶어 주겠는 건달 나그네
일찌감치 절마당에서 빠져나와
풀숲을 휘젓는데
암여치 한 마리 수여치를 엎고 나는
그 숨 가쁜 활공滑空의 순간의 사랑
대낮 무지개를 그리고 있었네

젖어들기에서 뛰어넘기로

장 경 렬

(문학평론가 · 서울대 영문과 교수)

1

십 년의 세월 동안 소식이 없다가 찾아온 감기 때문에 쩔쩔매면서 아파트 현관문을 나서려는 순간 우편함에 담겨 있는 잡지 『시와 정신』이 눈에 띄었다. 모든 의미 있는 문화 현상이 서울에 집중되어 있는 오늘날에도 이처럼 멋진 시 전문 계간지가 지방 도시인 대전에서 출간되고 있는 것이다. 그것도 300여 쪽이나 되는 엄청난 부피의 시 전문지가! 잡지 발간에 편집 관계자들이 쏟아부었을 노고와 정성을 생각하니 마음이 따뜻해진다. 현관을 나와 버스 정거장을 향하는 동안, 눈물과 콧물을 주체하지 못하면서도 봉투를 열고 잡지를 펼쳐

든다. 아니, 손에 잡히는 대로 잡지를 펼쳐 들었는데, 바로 눈에 들어오는 것이 이가림의 「투병통신」이라는 시다. "투병통신"이라니? 이 시인이 최근 병이라도 앓았거나 현재 앓고 있는 것일까. 아니다. 바로 얼마 전 모 씨 집안 결혼식장에서 만났을 때 그에게는 전혀 병색이 없었다. 그렇다면 누군가 병을 앓고 있는 사람이 시인에게 소식을 전한 것일까? 호기심에 제목을 다시 살펴보니 자그마한 글자로 "投甁通信"이라는 한자어가 병기되어 있다. "병"을 던지다니? 누가? 왜? 누구에게? 어디로? 무슨 병을? 이처럼 호기심을 자극하는 제목에 이끌려 읽은 시는 다음과 같았다.

이제
내 비소砒素 같은 그리움을
천년 종이에 싸
빈 술병에 넣어
달빛 인광燐光 무수히 떠내려가는
달래강에 멀리 던진다

먼 훗날
부질없이 강가를 서성이는 이 있어
이 병을 건져 올릴지라도
그때엔 벌써
글자들이 물에 씻겨
사라져 버렸을 것을 믿는다

끝내 말하지 못할 것이야말로

영원히 숨 쉬는 것

이제
내 비소 같은 그리움을
천년 종이에 싸
빈 술병에 넣어
일찍이 미친 사내 하나 빠져 죽은
달래강에 멀리 던진다

—「투병통신」 전문

“비소 같은 그리움”이라니? 비소는 일반적으로 회색 상태로 존재한다. 색깔로 보면 회색이니까 ‘그리움’에 제법 어울릴 만도 하다. 하지만 단순히 그런 이유 때문에 그리움이 ‘비소 같은’ 것일까. 말할 것도 없이, 비소는 강한 독성 물질이며, 이 비소에 중독되면 소화기, 피부, 신경 계통에 심각한 문제가 생겨 급기야는 사람을 죽음에 이르게 한다. 이런 사실을 유추적으로 받아들여, 위의 표현은 ‘그리움’이 ‘나’를 죽음에 이르게 한다는 뜻으로 읽을 수 있지 않을까. ‘나’를 죽음에 이르게 하는 것이 ‘그리움’이라니! 그리움의 깊이와 강도를 어찌 이보다 더 강렬하게 표현할 수 있겠는가. 시에서 ‘나’는 ‘나’를 죽음에 이르게 하는 이 그리움을 “천년 종이에 싸/ 빈 술병에 넣어” 강에 “멀리 던진다.” “천년 종이”라니? 앞으로 천년을 견딜 만큼 뛰어난 질의 종이를 가리키는 것일까. 아니면 천년을 견디고도 여전히 그 빛을 잃지 않고 있는 오랜 예술품과도 같은 종이를 가리키는 것일까. 어느 쪽이든, “먼 훗날" 에 이르도록 '나' 의 그리움을 감싸고 있을 "천년 종이" 와 이 종이를 담고 있을 "빈 술병" 이 의미하는 바는 무엇일까.

이 물음에 대한 답에 앞서 우리는 먼저 '싼다' 라는 말이 의미하는 바에 대해 생각해 볼 수 있는데, 이 말은 이 시의 제2연에 비추어 볼 때 '글자로 옮겨 적기' 를 의미하는 것으로 이해할 수 있다. 이러한 이해를 확장하여 적용하는 경우, '그리움을 천년 종이에 싼다' 는 말은 이가림이 시인이라는 점을 감안할 때 '그리움을 시로 옮긴다' 는 말로 이해할 수도 있을 것이다. 그렇다면, "빈 술병" 이 의미하는 바는 무엇일까. 이는 필경 '구체적이고도 특정한 문학 작품으로서의 시' 를 의미하는 것일 수 있으리라. 결국, "그리움" 을 옮겨 적은 "천년 종이" 를 "빈 술병" 에 넣어 "강에 멀리 던진다" 는 말은 '그리움을 시에 담아 이 시를 세상에 내놓는다' 는 말로 이해할 수 있다. 또는 '그리움을 시에 옮겨 담은 다음 이를 세상에 전함으로써 이제부터 더 이상 그리움에 얽매이지 않겠다' 는 말로 이해할 수도 있겠다. 아울러, '얽매이지 않겠다' 는 말에는 역설적이긴 하나 '그리움에 꼼짝없이 얽매여 있다' 는 의미를 담고 있는 것으로 이해할 수도 있다. 그리고 또 하나 첨가해야 할 말이 있다면, 이 시에 등장하는 "빈 술병" 을 통해 시인은 술병이 다 비도록 술을 마셔 흠뻑 취해 있을 만큼 애끓는 그리움으로 인해 괴로워하는 '나' 의 모습을 넌지시 비치고자 했는지도 모른다.

문제는 "먼 훗날" 누군가 "부질없이 강가를 서성이" 다가 "이 병을 건져 올릴지라도/ 그때엔 벌써/ 글자들이 물에 씻겨/ 사라져 버렸을 것을 믿는다"는 시인의 진술을 어떻게 읽을 것인가에 있다. 이는 누구도 '나'의 그리움을 '나' 자신의 그리움으로 읽을 수 없을 것임에 대한 시인의 예감을 드러내는 것으로 읽을 수 있다. 따지고 보면, 시란 그런 것인지도 모른다. 말하자면, 그리움을 담은 시가 아무리 오랜 세월을 견디고 남는다 하더라도, 그것은 지금 현재 이 순간에 존재하는 구체적 개인으로서의 '나'와 궁극적으로는 관계가 없는 것일 수 있다. 그리움은 시화詩化의 과정에서 '나'를 떠나기 때문이다. 다시 말해, 시다운 시에 그리움을 제대로 담는 경우 '나'의 그리움은 누구라도 공유할 수 있는 공적公的인 시적 이미지로 존재할 것이기 때문이다. '시 읽기'라는 "통신"의 과정을 통해 시에 담긴 '나'의 그리움을 읽는 사람에게 '나'라는 존재 자체는 아무런 의미도 갖지 않는 것일 수 있기 때문이다. 중요한 것은 다만 그가 읽는 시적 이미지—'나'를 떠나 자족적으로 존재하는 시적 이미지—일 것이다.

하지만 여기서 「투병통신」에 대한 시 읽기를 끝낼 수는 없으니, 무엇보다도 "끝내 말하지 못할 것이야말로/ 영원히 숨쉬는 것"이라는 시인의 전언 때문이다. "끝내 말하지 못할 것"이라니? 그것이 지시하는 바는 무엇일까. "천년 종이"에 싼 "내 비소 같은 그리움"일까. 물론 그것을 지시하는 것일 수는 없다. 그리움을 "천년 종이에 싸"는 것 자체가 이미 '말하기'이기 때문이다. 그렇다면, "끝내 말하지 못할 것"이 지시 하는 바는 도대체 무엇인가. 혹시 "천년 종이에 싸/ 빈 술병에 넣어" 강에 던진 그리움에도 불구하고 여전히 '나'의 마음에 남아 있는 그 무엇 아닐까. 무언가 말할 수 있는 것을 말하더라도 여전히 말 못하기에 가슴에 남는 그 무엇은 누구에게나 있게 마련이기 때문이다. 하지만 그리움에서 벗어나더라도 "끝내 말하지 못할 것" 또는 '나'의 마음에 남는 그 무엇은 도대체 무엇일까. 또한 그것이 무엇이기에 "영원히 숨 쉬는 것"일까. 바로 여기서 우리는 김소월의 "그립다/ 말을 할까/ 하니 그리워"라는 시 구절을 떠올리지 않을 수 없는데, 그 동안의 그리움을 "천년 종이에 싸"고자 하는 순간 아마도 새삼스럽게 그리움이 '내' 마음에 일었는지도 모를 일이다. 바로 그 새삼스러운 그리움마저도 "천년 종이에 싸"고자 했다고 하자. 그렇다고 해서 마음이 비워지겠는가. 필경 또 다시 그리움이 새삼스럽게 마음에서 샘솟지 않겠는가. 그러니 어찌 '내' 마음의 그리움을 "영원히 숨 쉬는 것"이라 하지 않을 수 있겠는가. 결국, 역설적이긴 하나, "끝내 말하지 못할 것"은 그리움을 아무리 마음에서 비우려 해도 여전히 샘솟듯 일어나는 바로 그 그리움일 수 있겠다.

이 시의 제4연에서 우리는 그와 같은 역설을 의식하면서도 여전히 '나'를 죽음에 이르게 하는 "그리움"에서 벗어나려는 시인과 다시 만나게 된다. 그리움의 마음을 어찌 이보다 더 곡진曲盡하게 표현할 수 있겠는가. 게다가 이 시를 통해 드러나는 시인의 마음은 곡진하지만 처연치 않다. 시인의 마음이 처연치 않기에 이 시에서는 감상感傷이 짙이지 않는나. 감상이 짙이지 않기에 이 시는 오랜 세월을 견뎌 오고 또 앞으로도 오랜 세월을 견딜 "천년 종이"와도 같이 느껴진다. 그 빛과 향기를 오래 간직해 왔고 또 앞으로도 오래 간직할 뛰어난 예술품의 풍미가 느껴지기도 한다. 비록 이 시를 쓴 시인 이가림의 마음—그러니까 "비소 같은 그리움"을 담고 있는 시인의 마음—이 세월의 "물에 씻겨/ 사라져" 버리더라도 오래 남아 누군가의 손에 우연히 쥐어질 "천년 종이"란 바로 이 시 자체일 수 있지 않을까.

이것으로 「투병통신」에 대한 시 읽기를 마무리할 수 있을까. 아니다. 이 시에 되풀이 등장하는 "달래강"에 대해 아무런 언급도 없이 여기까지 왔기 때문이다. "달래강"이라니? 이 기호가 의미하는 바는 무엇일까. "달래강"이라는 기호를 괄호에 묶어 둔 채 이 시를 읽었을 때는 이 강이 시인 이가림의 어릴 적 살던 곳과 관계되는 것이 아닐까라는 추측을 해 보기도 했다. 하지만 달래강에 관해 찾을 수 있는 정보는 충청북도 괴산과 충주 부근을 가로질러 흐르는 강—그 옛날 임진왜란 때 신립 장군이 배수진을 치고 왜군을 맞아 싸우던 이야기에 등장하는 강—이라는 것이 전부다. 혹시 시인 이가림이 여행 도중 그곳 경치에 매료되어 머물렀던 흔적이 이 시에 담겨 있는 것은 아닐까. 그럴 수도 있고 그렇지 않을 수도 있겠다. 문제는 이 달래강에는 슬픈 사랑의 전설이 얽혀 있다는데 있다. 『한국구비문학대계』에 수록된 이야기에 따르면, 달래강가에 함께 살던 오뉘가 있었다 한다. 이들 오뉘가 강 건너로 가서 농사를 짓다가 어느 날 갑작스럽게 불어난 강을 건너기 위해 옷을 벗는다. 옷을 벗은 동생의 모습에 욕정을 느낀 오빠는 죄책감에 자신의 몸을 낫으로 자해하고는 그 자리에서 쓰러져 죽는다. 이를 본 동생은 "날 보고 달래나 보지"라고 넋두리를 하며 울다가 역시 그 자리에서 죽는다. 이런 이야기로 인해 달래강이라는 이름이 생기게 되었다는 것이다. 이 같은 민담이야말로 "끝내 말하지 못할 것"—또는 아무리 드러내 없애려고 해도 새롭게 솟아 마음을 채우는 "비소 같은 그리움"—을 전하는 이야기가 아닐까. 오뉘는 그렇게 죽었지만 오뉘의 서로에 대한 그리움은 전설이 되어 오랜 세월 달래강으로 흘러왔고, 그리하여 "영원히 숨 쉬는 것"으로 오늘에도 남아 있으며 또 내일에도 남아 있을 것이다. 시인 이가림이 이 같은 민담을 의식하고 "달래강"을 시에 등장 시켰는지는 알 수 없지만, 바로 이런 의미에서 이 시의 "달래강"은 그 옛날 신화에 등장하는 그리움의 현장 이상의 의미로 읽힐 수 도 있다.

버스 정거장까지 발걸음을 옮기며 읽은 「투병통신」의 매력에 오랜만에 찾아와 온몸을 괴롭히던 감기마저도 잠시 숨을 고르는 듯했다. 곡진하나 처연치 않고, 처연치 않으나 절절하고, 절절하나 무겁지 않은 분위기의 이 매력에 넘치는 시가 아니라면 어찌 감기에 지친 마음이 그처럼 한 편의 시에 움직일 수 있었겠는가. 확신컨대, 삶을 살아오면서 그동안 마음에 쌓이고 쌓인 그리움—소리 없이 내리는 눈처럼 쌓일 때는 의식치 않았으나 급기야는 너무도 두껍게 쌓여 그 무게를 의식치 않을 수 없게 된 그리움—이 무섭게 마음을 내리누르고 있음을 예민한 독자라면 이 시를 읽는 순간 누구나 깨닫게 되지 않을까.

2

언제부터 이가림의 시 세계가 「투병통신」에서 확인되는 것과 같은 시적 분위기를 띠었던가. 이가림의 초기 시 세계에 익숙한 사람이라면 아마도 「투병통신」과 같은 시가 특히 낯설게 느껴질지도 모르겠다. 하기야 어떤 시인의 시 세계가 세월과 관계없이 여일如一할 수 있겠는가. 이가림의 경우, 1964년 〈경향신문〉 신춘문예에 「돌의 언어」가 가작으로 입선하고 1966년 〈동아일보〉 신춘문예에서 「빙하기」가 당선작이 되었던 점을 고려하면, 그의 시작 생활은 줄잡아 40년이 훨씬 넘는다. 그처럼 오랜 세월 시 창작 작업에 몸담았다면 어찌 그가 그의 시 세계에 대한 변화를 시도하지 않았겠는가. 아닌게 아니라 그의 작품을 총체적으로 검토하면 뚜렷한 변모 과정이 짚이기도 한다.

실제로 이가림의 시 세계에 관심을 가졌던 평론가라면 누구나 이 같은 변모 과정에 유의한다. 예컨대, 이은봉 교수는 이가림의 첫 시집 『빙하기』(1973)에서 네 번째 시집 『내 마음의 협궤열차』(2000)에 이르기까지를 논의 대상으로 삼아 그의 시적 변모 과정을 낭만적 모더니즘의 세계 → 낭만적 리얼리즘의 세계 → 현상학적 직관의 세계로 진단한 바 있다. 한편, 김종철 교수는 이가림의 두 번째 시집인 『유리창에 이마를 대고』(1981)에 대한 해설에서 "생활의 객관적 인식이 배제되어 있고 시를 쓰는 사람의 막연한 정서적 체험이 모호한 관념적 언어를 통하여 나타나고 있을 뿐" 인 상태에서 "자기

생활의 주변에 대한 보다 객관적이고 구체적인 접근을 가능하게 할 뿐더러 나아가서는 시대의 커다란 문제, 우리의 사회적 생존의 역사적 차원도 고려하는 것을 가능하게" 하는 "시선"을 갖춘 상태로 그의 시 세계가 변모했음을 주목한다. 하지만 김 교수는 이가림의 "주된 감정적 체험"이 "비애와 연민"임을 지적함으로써 변모에도 불구하고 적어도 그 당시까지 그의 시 세계에서 감지되는 일관된 요소를 확인하기도 한다. 또 하나 이가림의 시적 변모와 관련하여 주목할 만한 언급은 최원식 교수의 것으로, 그는 이가림의 세 번째 시집인 『순간의 거울』(1995)에 대한 해설을 통해 "모더니스트로 출발하여 민중시로 투신했다가 이제 양자를 지양하여 자기 시의 독자적 문법을, 아니 우리 시의 새로운 영토를 개척하려는" 행보를 시인의 시 세계에서 감지한다.

최 교수가 말하는 이 "자기 시의 독자적 문법"과 "새로운 영토"에 대한 "개척"의 과정—즉, 40년 이상의 세월을 가로질러 계속되어 온 시적 변모의 과정—을 이차원적 궤적으로 표시할 때 이쪽 끄트머리에 놓이는 것이 「투병통신」에서 확인 할 수 있는 것과 같은 시 세계가 아닐까. 다시 말해, 「투병통신」과 같은 작품에서 우리가 확인하는 시 세계는 결코 어느 날 돌연히 그 모습을 드러내게 된 것이 아닐 것이다. 우리가 「투병통신」이 발표되기 이전의 작품들 가운데 적어도 두 편의 시에 주목하고자 함은 이 때문이다. 하지만 이에 앞서 우리는 먼저 이 가림의 초기 시는 "절망과 좌절이 만드는 낭만적 열기에 휩싸여 좀더 먼 곳, 좀더 높은 곳에 이르고자 몸부림쳤던" 젊은 시인의 모습을 생생하게 보여 준다는 이은봉 교수의 진단과 함께 김종철 교수의 다음과 같은 지적에 주목해야 할 것이다. 즉, 김 교수는 이가림의 초기 시가 "알맹이 없는 관념화와 추상화" 및 "관념적인 외래어"와 "상투적인 허무주의적 감정"이라는 위험에서 완전히 자유롭지 못함을 지적하기도 했는데, 이 같은 상황은 아마도 이 교수가 말하는 "낭만적 열기"와 무관한 것이 아닐 것이다. 어찌 보면, "낭만적 열기"를 다스리는 일, 또는 김 교수가 말한 바의 위험에서 벗어나는 일은 시인 이가림에게는 피할 수 없는 하나의 시적 과제였으리라. 물론 김 교수를 포함하여 여러 평자가 주목한 것처럼 이가림의 시적 여정을 살펴보면 이 같은 위험에서 시인이 나날이 자유로워지고 있음을 확인할 수 있다. 아마도 그와 같은 기나긴 변모의 여정을 따라가다 보면 특히 주목하지 않을 수 없는 작품이 있는데, 이는 「한 월남 난민 여인의 손」과 같은 작품일 것이다.

> 송코이 강가 마을에서 연초록 풀잎으로 태어난 손, 땡볕에 그을린 웃음 깔깔거리며 고무줄놀이 하던 손, 바구니 가득 망고를 따던 손, 한 모금 처녀의 샘물을 움켜쥐던 손, 불타는 야자수 그늘 아래 물소를 몰던 손, 느닷없이 M16 총알의 탄피가 스쳐간 손, 칼에 찢긴 손, 밧줄에 묶인 손, 코브라의 목을 조른 손, 송장을 불태운 손, 빵과 옷을 훔친 손, 가짜 입국사증과 약혼반지를 바꾼 손, 피의 강을 헤엄쳐 온 손, 대양에 던져져 살려달라 살려달라고 외친 손, 어머니 사진을 찢어버린 손, 아아, 마침내 남의 땅 구정물통에

빠진 손, 인천 신포동 술 가게에 팔려온 손, 악어 잔등보다
더 거친 손, 내가 입 맞추고 싶은 거룩한 슬픈 삶의 손.

―「한 월남 난민 여인의 손」 전문

무엇보다도 위의 시에는 그 어떤 관념화나 추상화도 존재하지 않고, 이가림 초기 시 특유의 이국적 취향의 외래어나 허무주의적 감정도 존재하지 않는다. 물론 "월남 여인" 이라는 이국의 여인이 월남의 풍경과 함께 이 시에 등장한다. 하지만 이는 흔히 사람들이 떠올리곤 하는 전형적인 의미의 이국적 취향과는 관계가 없는 것이다. 이와 관련하여, 이국의 여인과 풍경이 "인천 신포동 술 가게" 와 연결됨으로써 우리네 삶의 일부분으로 편입되고 있음에 유의하기 바란다. 그리고 무엇보다도 이 시에서는 살아 숨 쉬는 인간의 체취와 그의 고통스러운 삶이 생생하게 느껴짐에도 유의하기 바란다. 시인은 적어도 시의 말미에 이르기까지 자신의 감정을 드러내지 않은채 관찰 내용을 보고하는 형식을 취함으로써 그와 같은 고통스러운 삶을 그만큼 생생하게, 성공적으로 시에 담고 있다.

이 시와 관련하여 우리가 무엇보다도 주목해야 할 것은, 시인이 자신의 눈을 통해 객관적으로 관찰한 바를 기록하고 있는 것처럼 보이지만, 이 시의 내용은 시인의 직접적 관찰의 결과가 결코 아니라는 점이다. 그렇다면 그럼에도 불구하고 이 시가 객관적 관찰의 기록으로 느껴지는 이유는 무엇인가. 이 물음에 대한 답을 위해 우리는 무엇보다도 시인의 시선이

"월남 여인"의 "손"에 고정되어 있음을 주목해야 할 것이다. 마치 점쟁이가 누군가의 손금을 보고 그의 과거를 읽어 내듯, 시인은 여인의 손을 보고 그 손에서 그녀의 과거를 세세하게 읽어 내고 있는 듯한 인상을 준다. 여기서 우리는 로만 야콥슨Roman Jakobson의 은유metaphor와 환유metonymy에 대한 논의를 환기할 수도 있겠다. 그가 말하는 은유는 어떤 하나의 대상을 묘사하되 그 대상과는 전혀 관계없는 엉뚱한 또 하나의 대상을 끌어들여 묘사하려는 언어적 경향을 말하며, 환유는 묘사하고자 하는 대상의 어느 한 부분에 시선을 집중함으로써 그 대상의 전체적인 모습을 드러내려는 언어적 경향을 가리키는 것이다. 한편, 야콥슨은 전자를 환상적 경향의 글과, 후자를 사실적 경향의 글과 연결한 바 있다. 이 같은 관점에서 보면, 부분(손)에 집중함으로써 한 인간이 살아온 삶의 전체("송코이 강가 마을"에서 "신포동 술 가게"까지 이어지는 한 여인의 삶)를 이야기하려는 위의 시는 환유적 경향의 시라 할 수 있겠다. 바로 이 환유적 경향이 여인의 삶에 생생한 리얼리티를 부여하고 있는 것 아닐까. 또한 이 리얼리티로 인해 위의 시는 시인의 객관적 관찰을 통한 어느 한 여인의 삶에 대한 보고서라는 느낌을 갖게 하는지도 모른다.

하지만 아무리 예리한 눈을 지닌 시인이라 하더라도 한 사람의 손에서 그 모든 것을 세세하게 읽어 낼 수는 없을 것이다. 여기에서 우리는 시인의 시선이 여인의 손에 고정되어 있는 동안 그의 귀는 여인이 전하는 그녀의 삶의 내력을 향하고 있다는 추정을 해 볼 수 있겠다. 다시 말해, 월남 "송코이 강가 마을"에서 태어나서 이곳 "인천 신포동 술 가게"까지 흘러오게 된 내력을 여인이 시인에게 전하고, 이를 듣는 동안 시인의 눈길은 계속 여인의 "악어 잔등보다 더 거친 손"에 머물러 있다고 추정해 볼 수 있겠다. 하지만 여인이 "월남 여인"이라는 점을 감안하면 언어 장벽으로 인해 그녀가 시인에게 그 모든 이야기를 시시콜콜 전하기는 아마도 쉽지 않았을지도 모른다. 따라서 또 다른 추정을 해 보지 않을 수 없다. 즉, 여인의 "악어 잔등보다 더 거친 손"에 눈길을 주는 동안 시인은 자신의 상상력을 동원하여 그 여인의 삶을 나름대로 '꾸며 내고' 있다는 식의 추정을 해 볼 수도 있겠다. 말하자면, 시인은 상상을 통해 여인의 삶을 '창조하고' 있는지도 모른다. 또는 이렇게 추정해 볼 수도 있겠다. 여인과 떠듬떠듬 이야기를 나누는 동안 시인은 어떻게 해서 여인이 월남에서 "신포동 술 가게"로 흘러왔는지에 대해 단편적으로나마 알게 되었고, 단편들 사이의 무수한 공백들을 시인이 상상력을 통해 채워 넣고 있다는 식의 추정도 가능할 것이다. 한국에 흘러 들어온 월남 여인에게라면 누구에게나 대충 들어맞을 법한 여인의 다른 사연들과 달리 "송코이 강가 마을"이 출생지라는 사연이나 "어머니 사진"을 찢어 버렸다는 사연은 구체적으로 전해 듣기 전에는 상상하기 쉽지 않은 것이기 때문이다. 어떤 쪽이 진실이든 이 시에 담긴 리얼리티는 전혀 약화되고 있지 않는데, 이는 아마도 "악어 잔등보다 더 거친 손"이라는 현실의 지표가 흔들림 없이 존재하기 때문일 것이다.

이 시에 대한 논의를 마무리하는 자리에서 우리는 이 시의

단 한 구절에만큼은 시인의 사적 감정을 담고 있음에 유의하지 않을 수 없다. 즉, "내가 입 맞추고 싶은 거룩한 슬픈 삶의 손" 이라는 구절은 "손" 에 대한 객관적 묘사, 아니, 객관적인 것처럼 보이는 묘사를 담고 있는 구절들과는 달리 시인의 감정적 판단을 담고 있다. 혹자는 "악어 잔등보다 더 거친 손" 이라는 구절에도 역시 시인의 감정적 판단이 개입되어 있다고 말할 수도 있겠지만, 이와는 확실히 다른 차원의 감정적 판단이 "내가 입 맞추고 싶은 거룩한 슬픈 삶의 손" 이라는 구절에 담겨 있음을 부정하지는 못할 것이다. 아무튼, "내가 입 맞추고 싶은 거룩한 슬픈 삶의 손" 이라는 이 구절을 통해 우리는 시인이 "월남 여인" 의 파란만장한 "슬픈 삶" 에 깊은 연민의 감정을 지니고 있다고, 또한 온갖 역경을 이기고 살아가는 여인의 삶에서 감동을 넘어서 거룩함을 느끼고 있다고 추론 할 수도 있다.

만에 하나 이처럼 개인의 사적 감정을 드러내는 이 시의 마지막 구절을 이 시에서 제거했다면 시가 우리에게 주는 효과는 어떤 것이었을까. 아마도 시인 이가림의 시가 아닌 다른 누구의 작품이라 해도 상관없는 시가 되었을 것이다. 시인 이가림은 냉정하고 차가운 현실 고발자로서의 시인이 아니라 따뜻하고 정감 어린 눈으로 세상을 관찰하는 너무도 인간적인 시인이기 때문이다. 바로 이런 맥락에서 볼 때, 시인 이가림의 "주된 감정적 체험" 이 "비애와 연민" 이라는 김종철 교수의 지적은 여전히 유효한 것일 수 있다. 다만 "비애와 연민" 의 감정이 자기 자신을 향한 것이 아니라 세상을 향한 것이라는 점에 차이가 있을 뿐이다. 자신이 아닌 타인에게 연민의 눈길을 향하는 것 자체가 중요한 변화의 조짐을 예고하는 것일 수도 있으리라. 이 같은 변화를 설명하기 위해 이은봉 교수와 같은 이는 "낭만적 리얼리즘"이라는 용어를, 최원식 교수와 같은 이는 "민중시"라는 용어를 동원했던 것 아닐까.

다시 말하지만, 「한 월남 난민 여인의 손」에서 시인의 시선은 타인을 향하고 있다. 따라서 시인이 느끼는 "비애와 연민"의 감정은 타인을 향한 것이고, 바로 그 때문에 그 시선을 자신에게 향할 때보다 통제가 비교적 더 쉬울 수 있다. 그렇다면 시인의 시선이 자신에게로 향할 때도 "비애와 연민"의 감정이 통제되는 예가 있다면 그것은 어떤 것일까. 물론 적잖은 예가 있는 것이 사실이지만, 어떤 작품보다도 더 우리의 눈길을 끄는 것은 「내 마음의 협궤열차 · 1」이다.

측백나무 울타리가 있는
정거장에서
내 철없는 협궤열차는
떠난다

너의 간이역이
끊어진 철교 그 너머
아스라한 은하수 기슭에
있나 할시라도
바람 속에 말달리는 마음
어쩌지 못해

열띤 기적을 울리고
또 울린다

바다가 노을을 삼키고
노을이 바다를 삼킨
세계의 끝
그 영원 속으로
마구 내달린다

출발하자마자
돌이킬 수 없는 뻘에
처박히고 마는
내 철없는 협궤열차

오늘도
측백나무 울타리가 있는
정거장에서
한 량 가득 그리움 싣고
떠난다

—「내 마음의 협궤열차 · 1」 전문

과거의 인천 사람들 가운데는 적잖은 이들이 인천과 수원 사이를 달리던 협궤열차를 타 본 적이 있거나 지나가는 것을 본 적이 있을 것이다. 지금은 폐쇄된 남인천 역에서 출발하여 송도와 소래 포구를 지나 수원까지 운행하던 이 협궤열차의 양쪽 창문을 따라 길게 설치된 좌석에 앉으면 마주 앉은 사람과 무릎이 닿을 정도였다. 말하자면, 협소하고 왜소한 것이 협궤열차였다. 열차에 올라탔을 때 비좁다고 느껴지는 만큼 철로 가까이에서 이 협궤열차가 지나가는 것을 보노라면 옆으로 넘어질 듯 위태로워 보이기도 했다. 1980년대 초반부터 인천의 인하대 교수로 재직했던 이가림은 아마도 바로 이 협궤열차를 타 보거나 또는 적어도 지나가는 것을 본적이 있을 것이다. 바로 그와 같은 경험이 위의 시를 가능케 했던 것이리라.

무엇보다도 "내 철없는 협궤열차"라니? 어떻게 열차가 철없을 수 있겠는가. 물론 위에 등장하는 협궤열차는 현실 세계에 존재하던 협궤열차가 아니다. 이 시에서 협궤열차는 비유적 의미의 협궤열차이며, 이 점은 "내 마음의 협궤열차"라는 시의 제목만 보아도 알 수 있다. 그렇다면 이 시에서 협궤열차가 비유하는 바는 무엇일까. 이 물음에 대한 답에 앞서 먼저 시의 제목에 주목하기로 하자. 시의 제목을 보면 "협궤열차"는 "내 마음" 안에 존재하는 것으로 이해하는 것이 자연스럽다. 마음 안에 존재하는 협궤열차라니? 이는 구체적으로 무엇일까. 시의 마지막 부분에서 나오는 "한 량 가득 그리움 싣고/ 떠난다"는 구절이 해답의 열쇠가 될 수 있는데, "내 철없는 협궤열차"란 누군가에 대한 그리움을 해소하고자 하는 욕구 또는 충동으로 이해할 수도 있다. 그리움을 해소하고자 하는 욕구 또는 충동이라니? 여기서 우리는 지그문트 프로이트Sigmund Freud의 심리학적 개념들을 거론할 수도 있는데, 그는 인간의 정신 또는 마음을 구성하는 세 요소로 이드id, 자아ego, 초자아superego를 상정한 바 있다. 세 요소 가운데 이드는 유아 시절 인간이 갖는 원초적 충동이나 욕구와 관계되는 것으로, 그 어떤 논리적 법칙이나 외적 현실의 지배를 받지 않는다. 이 이드는 인간의 성장 과정에서 필연적으로 제어될 수밖에 없는데, 제어의 기능을 담당하는 것이 바로 자아다. 자아는 외부 세계의 사람이나 사물과 접촉을 하는 순간 형성되기 시작하며, 사회적으로 받아들일 수 없는 충동(이드)을 통제함으로써 인간의 행동을 교정한다. 한편 초자아란 성장 과정에서 부모의 명령이나 지시와 자신을 동일화하는 과정 및 사회의 도덕적 명령을 내면화하는 과정과 관련된 정신의 측면이다. 즉, 가족적, 사회적 규범과 이상을 내면화하는 과정에서 초자아가 형성된다. 이 가운데 이드와 에고는 각각 '어린 아이' 와 '어른' 으로 비유되기도 한다. 이런 시각에서 보면, 이 시에서 "내 마음의 협궤열차"는 바로 이드를 지시하는 것으로 이해할 수 있지 않을까. '철이 없다' 는 표현은 이런 맥락에서 의미를 가질 수도 있으리라.

어떤 관점에서 보면, "너의 간이역이/ 끊어진 철교 그 너머/ 아스라한 은하수 기슭에/ 있다 할지라도 / 바람 속에 말달리는 마음/ 어쩌지 못해/ 열띤 기적을 울리고/ 또 울린다"는 구절이나 "바다가 노을을 삼키고/ 노을이 바다를 삼킨/ 세계의 끝/ 그 영원 속으로/ 마구 내달린다"는 구절은 충동과 욕구에 충실한 이드의 비합리성을 암시하는 것으로 읽힐 수도 있다. 마찬가지 관점에서, "출발하자마자/ 돌이킬 수 없는 뻘에/ 처박히고 마는/ 내 철없는 협궤열차"란 바로 이 같은 이드의 모습을 선명하게 보여 주는 것으로 읽힐 수도 있다. 사실, 굳이 이드와 같은 심리학적 용어를 들먹이지 않더라도 인간이라면 누구에게나 비어 있는 마음의 한구석을 채우려는 욕망이 있게 마련이다. 경우에 따라 그러한 욕망을 채우고자 하는 사람들은 합리성이나 사회적 규범 등등에 전혀 구속받으려 하지 않을 수도 있다. 어찌 보면, 누군가에 대한 그리움이란 바로 그런 욕망 가운데 하나일 수 있다. 마치 "철교"가 끊어져 "출발하자마자/ 돌이킬 수 없는 뻘에/ 처박히고" 말 것을 알면서도 "간이역"을 향해 "마구" 내달리려고 하는 이 시의 "철없는 협궤열차"처럼, 사람들은 제어할 수 없는 그리움으로 인해 몸과 마음이 파멸에 이르더라도 개의치 않을 수도 있다. 결국 「내 마음의 협궤열차 · 1」은 파멸에 이를 것을 알면서도 대상을 향한 그리움을 해소하고자 하는 인간의 욕망에 대한 시적 형상화를 담고 있는 작품으로 볼 수도 있다.

만일 이 같은 시적 형상화가 협궤열차라는 은유적 매체vehicle없이 이루어졌다면 어떠했을까. 순전한 가정이긴 하지만, 주체할 수 없는 추상화와 관념화의 늪으로 빠져들었을지도 모를 일이다. 왜소하여 일반 열차와 비교할 때 꼬마를 연상하게 하는 협궤열차, 인천 앞바다의 뻘에 처박힐 듯 위태롭게 좁고 가는 선로를 따라 달리는 협궤열차라는 은유적 매체가 있기에 이 시는 삶의 현실에 대한 구체적 대응의 시가 아니면서도 여전히 시적 리얼리티를 보듬어 안을 수 있었던 것 아닐까. 또한 협궤열차라는 은유적 매체가 있기에 시인은 주체 못할 그리움—또한 자신에 대해 갖는 "비애와 연민"의 감정—에도 불구하고 감상感傷의 나락에 빠져들지 않을 수 있었던 것 아닐까. 또는 그리움을 주체하지 못하지만 그럼에도 불구하고 협궤열차라는 은유적 매체 때문에 시인은 "비애와 연민"에 젖어들지 않은 채 이를 뛰어넘을 수 있었던 것 아닐까. 아니, 이렇게 말할 수도 있겠다. 협궤열차라는 은유적 매체가 존재하기 때문에, 시에서 시인의 "비애와 연민"은 젖어듦의 대상이 아닌 뛰어넘음의 대상이 될 수 있었다고.

바로 이처럼 젖어들기에서 뛰어넘기로의 이행이라는 시적 변모의 과정이 「투병통신」과 같은 시를 가능케 한 것이리라. 이 시에서는 "협궤열차" 대신 "빈 술병"이 등장하고 "천년 종이"가 등장한다. 위태롭게 달리는 협궤열차가 우리 현실의 일부일 수 있듯, 술에 취해 강가에서 빈 술병을 던지는 것도 우리 현실의 일부일 수 있다. 자신을 향한 것이든 또는 타인을 향한 것이든 "비애와 연민"의 마음을 감지하도록 하되 현실의 삶을 통해, 또한 현실을 직시하는 눈을 통해 이를 드러내고 뛰어넘는 것, 이것이 바로 시인 이가림의 시를 값지고 매력적인 것으로 만드는 동인動因이리라. 곡진하나 처연치 않고, 처연치 않으나 절절하고, 절절하나 무겁지 않은 시적 분위기는 결코 쉽게 조성될 수 있는 것이 아니다. ,

바로 이러한 판단은 시인에게 유심 작품상의 영광을 안게 한 「귀가, 내 가장 먼 여행 · 2」에도 적용될 수 있을 것이다. 자신의 몸을 "육십 년 도 더 넘게 끌고 온/ 꿰매고 기운 헝겊 투성이의/ 내 슬픈 부대자루"에 비유하는 이 시를 통해 시인은 곡진한 마음으로 누추하다고 판단되는 자신의 삶을 되돌아보고 또 앞으로 이어질 삶을 예견하고 있지만, 이 시에서도 「투병통신」에서와 마찬가지로 그 어떤 처연함이 느껴지지 않는다. 또한 그럼에도 불구하고 삶에 대한 절절한 애정과 연민의 마음이 느껴진다. 하지만 이 시의 분위기는 무겁지 않다. 바로 이 무겁지 않음이 한 시인의 시적 궤적에 더할 수 없는 의미의 무게를 드리워 주는 것 아닐까. 이 시와 처음 만났을 때 마음이 따뜻해졌던 것은 바로 이 의미의 무게가 따뜻한 외투처럼 우리의 마음을 감쌌기 때문이리라. 찬 바람이 창문을 두드리고 있는 이 차가운 겨울날, 이제 이처럼 따뜻해진 마음으로 몇 번이고 다시 「귀가, 내 가장 먼 여행 · 2」에 눈길을 준다.

3

다시 「투병통신」과 처음 만났던 때로 돌아가자. 「투병통신」의 바로 옆 페이지에는 이가림의 시가 또 한 편이 수록되어 있었는데, 버스 정거장에 도착하여 읽었던 이 시의 제목은 「둥그런 잠」이었다.

오동꽃 저 혼자 피었다가
오동꽃 저 혼자 지는 마을
기침 소리 하나 들리지 않는
옛집 마당에 서서
새삼스레 바라보는
조상들의 소나무 동산

「둥그런 잠」의 분위기가 그러하듯 이 시의 분위기는 맑고 평온하며 밝다. 두 편의 시가 모두 마치 아름다운 동화의 한 장면과 만나는 것 같은 느낌을 준다. 그 때문인지는 몰라도, 이가림의 시 세계에는 무언가 한결 더 근원적인 것, 따라서 변하지 않는 그 무엇이 존재하는 것처럼 보이기도 한다. 그런 점에서 우리는 이가림의 시 세계에 대한 논의를 이 지점에서 다시 시작해야 할지도 모른다.

시인 이가림

1966년 〈동아일보〉 신춘문예 당선 등단.
프랑스 루앙대 불문학 박사.
파리7대학 객원교수, 인하대 문과대학장, 한국불어불문학회장 역임.
주요 시집 『빙하기』, 『유리창에 이마를 대고』, 『순간의 거울』, 『내 마음의 협궤열차』 등.
산문집 『사랑, 삶의 다른 이름』, 『미술과 문학의 만남』, 『흰 비너스 검은 비너스』 등.
역서 『촛불의 미학』, 『물과 꿈』, 『꿈꿀 권리』 등.
정지용문학상 · 편운문학상 · 후광문학상 · 유심작품상 · 펜번역문학상 등 수상.
현재 인하대 프랑스문화과 명예교수.
계간 『시와시학』 주간.

바람개비 별

지은이 | 이가림
펴낸이 | 김재돈
펴낸곳 | 도서출판 시와시학
1판1쇄 | 2011년 2월 15일
출판등록 | 2010년 8월 10일
등록번호 | 제2010-000036호
주소 | 서울 종로구 명륜동1가 42
전화 | 744-0110
FAX | 3672-2674

값 10,000원

ISBN 978-89-94889-01-6 03810